「深い泉の国」の日本学

日本文化論への試み

山内健生

展転社

はしがき

本書のタイトルに掲げた「深い泉の国」とは言ふまでもなくわが国のことである。わが日本の国を指して「深い泉の国」と呼んだのは日本滞在が半世紀近くに及んだトーマス・インモース先生であるが、日本の文化的特質を言ひ当た真に有り難いネーミングであった。

上智大学のドイツ文学科教授（のち名誉教授）であった先生は、昭和六十年に『深い泉の国「日本」―異文化との出会い―』（春秋社）と題する本を刊行されてゐる（現在は中公文庫に）。同大学の加藤恭子先生を聞き役とする「日本文化」に関する対談で、外国人ならではの視点から、われわれ日本人が当り前こととして気にも止めないことに、光を当てゐる。目次からは「新旧の不思議な共存」「まだ漂っている神話的雰囲気」「日本をとおして見えるヨーロッパの原始的意味」「原始が生きつづけている日本」等々の文字が飛び込んで来る。

目には見えない地下の奥深いところから発して地上に湧出する泉は、生命《いのち》ある全てのものにとって、まさに「いのちの泉」である。その湧き出る泉によって、地上は潤ひ、われわれの渇きは癒やされる。現代のわれわれの内面生活が遙か太古に連なる精神的基盤に支へられてゐることの譬喩的表現として「深い泉の国」といふ言ひ方は最適であると感心したのであった。インモース先生は「近代技術の粋を集めた丸の内のビル街を、古風な祭りの行列がしずしずと進むのを見て、たまげてしまう」と語ってゐるが、最先端の建築技術に拠って、平成二十四年（二〇一二）に竣工した高さ六百三十四メートルの東京スカイツリーの工事も、大地の霊を鎮める地鎮祭から始まってゐる。地鎮祭の文献上の初見は『日本書紀』の持統天皇五年（六九一）であるが、その起源はさらに遡るはずである。そもそも大地に霊が宿るといふ観念は宗教学的にはアニミズム（animism　精霊信仰）であって、原始未開社会のものとされる。しかしわが国では公私ともに建築工事は地鎮祭から始まる。まさに「新旧の不思議な共存」といふことになるが、われわれには不思議なことではない。ビルの谷間を進む古風な行列も、不思議なことではない。それ故に、その意味するものを必ずしも自覚してはゐない。

スイスのシュヴィーツ州生れの先生は昭和二十六年（一九五一）、三十二歳で来日。平成十三年（二〇〇一）、スイスに帰国して間もなく心臓発作の為、八十三歳で急逝された。この間、二年ほど研究のため日本を離れたが、滞日五十年になんなんとするドイツ文学の研究者であり、神父であり、詩人でもあった。私は一度渋谷の教会でお目に掛っただけだが、先生はまた多方面で活躍され、「人類の普遍的無意識の存在」を指摘したC・G・ユングの研究家として日本ユングクラブを創立して会長を務めたほか、宗教学者であり、比較演劇の研究家であり、オーストリアやドイツ、スイスの新聞の東京特派員でもあった。おそらく「ヨーロッパと日本」、時には「日本とヨーロッパ」の文化的諸相に折々思ひを馳せつつ、日本での日々を送られたことだらう。それは次の詩からも窺《うかが》ふことができる。

深い泉
この国の過去の泉は深い。
太鼓と笛の音に酔いしれて
太古の神秘のうちに沈み込む。
測鉛を下ろし、時の深さを、わたし自身の深さを測る。

測鉛とは水深を測る際に使ふ道具で綱の先に鉛の錘《おもり》がついてゐる。どの位の深さかなと鉛の錘を少しづつ水中に沈めていくやうに、「お神楽《かぐら》」の太鼓や笛の音色にぢっと耳を傾けてゐると、いつとはなしに日本の精神文化の源へ、「時の深さ」へと思ひ及ぶ。それはまた「わたし自身の深さを測る」ことでもある…。国際交流がいよいよ深まる現代にあって、われわれ日本人が深く味はふべき一節であらう。

米国や英国、中国でも日本思想史の講義なされた源了圓東北大学名誉教授は、彼の地の日本研究を志す若者に向って、いつも〝君らが日本を研究することは最終的には自分の国を良く知ることになるのだ〟旨を語ったといふ。その体験を記された「〝日本研究〟の新しいあり方」の中に、「日本のことについて質問された時にまったく答えられなくて困ったという人も少なくないだろう。それだけでなく、日本のことについて知らないために、外国文化の理解が浅いレベルにとどまったり、見えるべきものが見えなくなる場合も多いのではなかろうか」

との警句的な箇所があった(平成八年一月七日付産経新聞)。自国について知らないために、「外国の文化の理解が浅いレベルにとどまったり、見えるべきものが見えなくなる場合も多いのではなかろうか」との指摘には、これまた考へさせられた。

ヒト・モノ・カネ・情報が国境を越えて行き交ふグローバル化の時代なればこそ、より自覚的に自らの文化的アイディンティを探求しなければならない。国際交流がさらに拡大し質的に深まって行く現代は、同時に「日本と日本文化」の真価が問はれる時代でもあるはずとの思ひを抱きつつ、ここ十数年の間に、認めたものが本書である。「日本文化」の多様なる展開から見れば間口の狭いことは十分に承知の上で、わが思ふところ願ふところを纏めた次第である。御叱正を賜りたい。

前著『「深い泉の国」の文化学』に続いて、「深い泉の国」の呼称を使はせたいただくことに感謝申し上げたい(本書のルビは字音については現代カナとなってゐる)。

(平成二十六年二月十一日)

目　次

「深い泉の国」の日本学——日本文化論への試み——

はしがき　1
第一章　日本人の魂の行方と「日本教」—日本の「宗教的」自画像を問ふ—　11
はじめに—オバマ大統領就任演説をめぐる二つの波紋　13
日本は仏教国か？　17
死は別離であって、別離ではない—映画『おくりびと』をめぐって　24
「死者が生者に発したメッセージ」—なぜ「千の風になって」は大ヒットの理由—　28
「見えない宗教」の自覚的把握を！　34
終はりに—最近の葬儀事情への管見—　44
第二章　五箇条の御誓文に甦った十七条憲法の精神—太子憲法の説く「協心協力の世界」—　51
はじめに　53
十七条憲法と私　53
わが国初の成文法　61
計り知れない後世への影響　66
今日まで続く十七条憲法の命脈　74

第三章　文化ギャップとしての「靖国問題」―彼を知らず己を知らざれば戦ふ毎に必ず殆し―　81
はじめに―「A級戦犯」ではなく昭和殉難者―　83
「靖国」は二重の意味で国内問題だ　87
「死しては善悪の彼方に…」「死してあらば墓を暴き骨を焼く」　90
「察し合ひの文化」の功罪　100
「相手依存の自己規定」　104
我はつひに彼にあらず　107

第四章　日本歴史の特性―「古代」が今に生き続ける国―　111
はじめに　113
いま、わが国で気になること　114
「日本国憲法」が孕む病理　122
画期的な意味を持つ教育基本法の改正　129
二つの連続性―法隆寺と式年遷宮―　134
「心の継承」があってこそ「形の連続」がある　140

皇統の連綿性　143
万世一系の事実　146
連綿と続く祈りの御系譜　151
「民主的で文化的な国家」から「歴史的な国家」へ　154

第五章　戦後を吟味する―なぜ、かくも「断絶」へと歩を進めるのか―　157
「国内最大規模のハロウィンの行列」！　159
一変した国民的自画像　167
日本国憲法は残置諜者！だった　180
占領下の帝国憲法「改正」（日本国憲法の施行）は最悪のシナリオだった　192
〈補記〉　194

第六章　「小学校英語」必修化の無謀―壮大なる時間の浪費と勘違ひ―　199
はじめに　201
「英語を小学校で必修に」―実現した中教審外国語専門部会の提言　207
「日本人は日本語を捨てたがってゐる」？　210

全小学校に外国人講師が配置された―水戸市の場合― 213
教育の本質を見誤るな―児童は先生の熱意に応へるものだ― 216
「六年間やっても喋れない」?―「オーラル・コミュニケーション」の登場― 219
なぜ、国語を捨てたがるのか 224

第七章 「平和記念都市」となった被爆都市・広島―問題あり！「平和記念式典」― 231
慰霊碑は「平和都市記念碑」だった 233
「祈念」と「記念」では大違ひだ 235
平和記念式典執行の「隠された」論理 237
「平和記念」の四文字が頻出する理由 239
「人類の明るい未来を切り拓いていくことを誓う」碑文 243
GHQは「被爆を直視させたくなかった」? 246
「原爆ドーム」の世界遺産登録で過剰反応した米国 248

第八章 『葉隠』覚書―武士道の普遍性を今日に語る書― 251
心のダンディズム 253

生きながらの殉死　258
常朝の陣基の出会ひ　260
『葉隠』の総論「四誓願」　264
『葉隠』が現代に問ひかけるもの　269
終りに――「先祖の善悪は子孫の請取人次第」　271

あとがき　277

第一章　日本人の魂の行方と「日本教」

──日本の「宗教的」自画像を問ふ──

葬儀で読経する僧侶
（葬儀会社（株）ニチリョク「ラステル久保山」パンフから）

a thousand winds

Author Unknown

Do not stand at my grave and weep;
I am not there, I do not sleep.

I am a thousand winds that blow.
I am the diamond glints on snow.
I am the sunlight on ripened grain.
I am the gentle autumn's rain.

When you awaken in the morning's hush,
I am the swift uplifting rush
Of quiet birds in circled flight.
I am the soft stars that shine at night.

Do not stand at my grave and cry;
I am not there, I did not die.

英語詩「千の風」
（『モストリー・クラシック』平成十九年十一月号から）

はじめに―オバマ大統領就任演説をめぐる二つの波紋―

無神論者を公認した就任演説

少し前のことになるが、二〇〇八年十一月の米国大統領選挙でバラク・オバマ氏が選ばれたことは世界の注目を浴びた。移民の国と言はれる米国で初めて黒人の大統領が登場したからであった。そのオバマ氏の第四十四代大統領就任式は翌二〇〇九年（平成二十一年）一月二十日だったが、その際の演説内容でも、また注目され少なからず波紋を呼んだ。それは「…われわれはキリスト教徒、イスラム教徒、ユダヤ教徒、ヒンズー教徒、そして無神論者の国だ。地球のあらゆる場所からもたらされた言語、文化で形作られている」云々と述べたからであった（平成二十一年一月二十二日付産経）。

ニューヨーク・タイムズの論説委員会のブログは就任演説について、大統領は〝non-believers〟無神論者といふ「米国政治家、とくに大統領が決して口にしない事柄…を口にした」と書いてゐた（同年二月七日付、産経）といふし、日本でもオバマ演説を報じる中で「人種や党派を超えた結束を重視するオバマ大統領」が「社会の主流であるキリスト教などの主要宗教に加えて『無神論者』の存在を公に認知したことは、キリスト教福音派など宗教保守層の反発をよぶことも予想される」とのコメントが出てゐた（同前）。オバマ演説の直後に開かれた拓殖大学日本文化研究所の公開シンポジウム（テーマは「『昭和維新運動』再考」、同年一月二十四日）では、パネリストの藤井厳喜、佐藤優の両氏が就任演説に驚いた旨の発言をされてゐる。

両氏の話を綜合すれば「ヒンズー教徒」が入ったのは今回が初めてで、そこには今後のアフガニスタン作戦にインドの協力を期待するオバマ政権の強いメッセージが込められてゐるとのことだし、「イスラム教徒」が入ったのも四年前で、二期目を迎へたブッシュ前大統領がテロとの戦ひへのパキスタンの協力を意識したからだといふから、ストレートに自らの立場を打ち出す米国流のやり方であって、単純といへば単純な話であった。また無神論者といふ語には不道徳とか不誠実とかにも通じる意味合ひがあって、米国社会では明らかにマイナス評価を伴ふものだといふ指摘もあった。従って、無神論者を米国の構成員としてキリスト教徒・ユダヤ教徒と並称したことは、誇り高き彼等の反発を買ふのではないか、これで果して新大統領は国を「ひとつ」にまとめて行けるのだらうかといふのが両氏のコメントだったと記憶する。

新渡戸稲造著『武士道』の「序」に、ドイツ留学中の若き日にベルギーの法律家から「日本の学校には宗教教育がないといふが、本当か。それでどうして道徳教育を授けるのか」と疑問を呈されたとの一節がある。宗教があってこその道徳であるとするのは欧米キリスト教社会に共通する価値観と言って良いのだらう。宗教学者・ひろさちや氏は『仏教と神道』の「あとがき」の中で、無宗教であるといふことは外国人（キリスト教徒）にとっては「わたしは無節操な人間です」と言ってゐるに等しいことに日本人は気づいてゐない、と記してゐる。

彼等の一神教的世界では無宗教とは「全能の創造主ゴッドの怖い視線を意識しない」といふことだから、傲慢で無節操・不誠実・不道徳となるのだらう。もともとユダヤ教・キリスト教、そしてイスラム教は旧約聖書を母胎とする兄弟宗教であって、その「嫉《ねた》む」全能唯一の創造主による「裁き」は、八百万の神々と共にある日本人には理解しがたい面がある（かつてヨーロッパ中世史家・堀米庸三氏が「宗教は平和を招来するよりも多く戦争の原因をなした」旨を指摘してゐたが、ここでいふ「宗教」とは、エホバ・デウス・アッラー…のそれぞれの唯一絶対の創造主を奉じる「兄弟宗教」及びその分派のことを指すと見ていい。インド哲学・仏教思想を専門とされる定方晟氏〈東海大学教授〉に『憎悪の宗教―ユダヤ・キリスト・イスラム教と「聖なる憎悪」―』といふ書物があるくらゐである。「聖なる憎悪」を理解することなど、日本人のもっとも不得手とするところであらう）。

ともかく公的な場で新大統領が米国の構成員として「無神論者」を挙げたことが注視されたのであった。

「仏教徒」無視の就任演説は日本軽視の表れ？

一方、オバマ演説には無神論者まで出て来るのに、なぜ「仏教徒」が出て来ないのか、それは一体どうしたことなのか、日本軽視の現れではないのかとする次のやうな論評もあった。

まさか、聡明な大統領が、ヒンズー教と仏教は同じと認識しているわけではあるまい。

それだけ米国では、仏教が控えめな存在なのだろうが、通夜や葬式で念仏を唱える程度の「仏教徒」の私でさえイヤな感じがしたほどだから、米国で布教に力を入れている仏教関係者のショックはいかばかりだろう（世俗のことだから気にしないのかもしれないが）。

ここから先は、筆者の邪推であるが、米国内の仏教徒に目が向いていないように、仏教徒の多い日本にも大統領はあまり関心がないのではないか。

（乾正人「仏教徒を無視した大統領」、同年一月二十六日付産経、「一筆多論」欄の一節）

この論説は「仏教徒を無視した大統領」はそもそも日本への関心が低いからさうしたのではないかとの懸念を覚え、それを踏まへて日米の同盟関係強化のために今何が必要かとの問を発してゐるのであって、日本の宗教事情を論じてゐるわけではない。大統領の日本認識は私も気になるところだが、ここで私が述べようとするのは、新大統領の日本認識を「『仏教徒』がまったく無視されている」演説から読み取らうする日本人自身の「自国理解」についてである。

ここでは「仏教徒＝日本人」「日本＝仏教国」といった見方が当然の前提とされてゐる。日本人の宗教的自己認識が図らずも顔を出したものといっていいだらうが、しかし、かうした自国認識で果していいのだらうかといふのが、かねてからの私の関心事である。結論から先に言へば、仏教とひと口に言っても「日本仏教」はかなりの程度まで、といふよりも、仏教経典からは説明できない程に日本化してゐる。かつてカトリック作家・遠藤周作が体に合ふやうに洋服を仕立て直して着るといふ言ひ方で自らの日本的キリスト者の立場を述べてゐた（『私にとっての神とは』）が、日本人と仏教の関係も同様であって、日本人が仏教と信じ切ってゐるさまざまなものが、実は自らの身の丈《たけ》に合ふやうに長い時間をかけて変貌した「日本仏教」なのである。

日本は仏教国か？

「お釈迦様の教えに送葬儀礼はありません」

日本消費者協会の葬儀に関するアンケート調査によれば、平成十四年二月から翌年二月に掛けての葬儀の宗教形式を見ると、九五％が仏教で、神道によるものが二％、キリスト教と無宗教によるものが各一％であったといふ。かうしたことからも、「日本人＝仏教徒」と日本人自身が認識するのも無理はない。ただ「九五％が仏教」といふ場合の「仏教」とは要するに葬儀で仏僧がお経を読誦するといふことを指してゐる。日本における葬儀のほとんどがお寺さんの厄介になってゐることは、われわれがふだん経験し感じてゐることで、前記のオバマ演説に関するコメントにも「通夜や葬式で念仏を唱える程度の『仏教徒』の私でさえ…」云々とあった。「葬式仏教」といふ語があるくらゐに葬儀に仏教は深く関与してゐる（本章の扉の裏（十二頁）参照。「葬式仏教」の語は今日専ら寺僧を批判揶揄する意味に用ひられるが、私は必ずしも「葬式仏教」を否定しない。また近年葬儀のあり方に関して変化の萌しが見えるやうだが、これらについては後述する）。

ところが、お釈迦様は僧侶に「お前たちは葬儀にかかわってはいけないとおっしゃっています。お釈迦様の教えに送葬儀礼はありません…」といふ僧侶（大阪府、六十二歳）からの投書を目にした（平成二十年十二月二十五日付朝日、「備える」欄）。たしかに入滅直前の釈迦は弟子の阿難《あなん》に「葬儀のことは在家に任せて、僧侶は修行に専念すべし」と言ってゐるから、葬式仏教の現場にゐる投書子が「檀家離れが全国で進んでいるのは、僧侶がいわゆる檀家制度にあぐらをかき、お布施と称した金銭を受け取るなど、本来の姿を忘れたからではないでしょうか」と反省の言辞を述べるのは当然かもしれない。その自己反省はいいとしても、お釈迦様が僧侶は葬儀に関るなと戒めてゐたなどと、それも僧侶自身から指摘されると、「葬式仏教」の現実下にある日本人にして見れば一体どういふことなんだといふことにならう。

そもそも「仏教とは何ぞや」といふことであるが、文字通り「仏になるための教へ」「仏になるべく修行をする教へ」である。それでは「仏」とは何かと考へた時に、日本仏教のとてつもない実相が浮かび上がってくる。「本来的な仏教」（葬式仏教と区別する意味で、「求道《ぐどう》仏教」とでも呼称すると日本の宗教事情は理解しやすいのではないか思ふのだが）と「日本化した仏教＝葬式仏教」との間のギャップは大きく、同じ仏教とは言ひながら内容的に対極に位置するぐらゐの差違がある。日本人が仏教と思ひ込んでゐることの多くが実は仏教では説明がつかないのである。即ち日本における仏教展開を見る際に、「求道仏教」と「葬式仏教」の二要素に分別して考える必要があるのではないか。

「〝死者＝仏〟では仏教の体系は無用となる」

肝心の仏・ホトケであるが、「目覚めた者、最高の真理を悟った者という意味で完全の人格者のことである。われわれの住む世界で仏となった人間は釈迦牟尼ただひとりのみである」とは仏教学者の説くところである。ところが日本では死ぬことと仏になる（成仏する）ことは同義となってゐる。「現在の日本語の用例から見ると、ふつう〝仏〟という語は死者をさし、死者の霊が安らかに静まることを成仏するという。しかし仏教聖典の中にそのような用法はない。生理的死によってすべての人が〝仏陀に成る〟ことを承認するとすれば、仏教の体系は無用となるであろう」（渡辺照宏著『仏教』）。さらに「死人をホトケ（仏）といい、読経や念仏をもって菩提をとむらうというような言い方が何の疑念もなく受けとられる点まで（日本の仏教は）堕落した」（同『日本の仏教』）。

人間で到達し得たのは釈迦、ゴータマ・シッタルタのみと言はれるほどの至難至高の涅槃の境地を体得した者を意味する「仏」「覚者」（最高の真理を悟った完全な人格者）の語が、ふしだらな人生であらうがどうであらうが何ら問ふことなく日本では「死者」を意味してゐるのだから、右のやうに「日本の仏教は堕落してゐる」と指摘されるのは無理からぬことである（仏《ぶつ》がサンスクリット語の Buddha の音訳「仏陀」からきてゐることはいふまでもない。ホトケといふ訓《よみ》は死者に物をお供へする器の缶《ほとき》からの転訛ともいふ)。

仏教研究の専門家のかうした指摘に間違ひがあらうはずもないが、しかし、お葬式といへばごく自然に僧侶を思ひ浮べ数珠を手にして赴く日本人の生活感情からは著しく乖離した言挙げといふことになる。

ちなみに『大辞林』の「ほとけ【仏】」の項を見てみよう。

①仏教の完全な悟りを開いた聖者。仏陀。覚者。
②特に、釈迦のこと。
③仏・菩薩およびそれに準ずる優れた聖者・高僧。
④仏像や、仏の名号を記したもの。
⑤仏教。仏事。仏教徒。
⑥死者。死体。死者の霊。
⑦素直で善良な人物。

右の①から⑤までが「本来的な仏教」で求道仏教とならうが、それらと⑥⑦の間には語義的には越えがたい懸隔がある（⑤の中の「仏事」であるが、ふつう日本では「死者の冥福を祈る法事・法要」を指すが、本来は「衆生済度の教化・説教」を意味する。「仏事」の語意にも葬式仏教と求道仏教の混淆が見られる）。ところが①から⑦までの意味で「仏」の語を日本人は自在に使ってゐる。この日本人の文化的キャパシティーは相当なものである。これを指して「日本では〝仏〟という語は死者をさしてゐる。仏教聖典の中にそのやうな用法はない」「死者をホトケと呼ぶのは仏教の堕落だ」などと経典的立場から批判するのは、ある意味で容易い。むしろ①と⑥を同じ「仏」で表現することの意味合ひを考へてみるべきだらう。

「覚者＝仏」「仏＝死者」といふことは、「覚者＝死者」となる。それでは死者はそのまま覚者かと問はれれば、現代人はいささかの躊躇を覚えるだらう。しかし、躊躇することなく「死者は覚者である」と受け止めたところに、死者を成仏した者「仏」と仰いだ日本人が抱いてきた宗教心理の深層があるやうに思はれる。即ちこの世の生命は人によって長短深浅、さまざまであらうとも、生きること自体が覚者への修行の道筋（世法即仏法）と先人たちは理解したといふことである（例へば江戸時代初期で時代は新しくなるが鈴木正三《しょうさん》の「職分仏行説」に見られる如くに）。万人にやがては死が訪れるのだから、これほど確かな「一切衆生悉有仏性《いっさいしゅじょうしつうぶっしょう》」（涅槃経）の証《あかし》はない。日本人が「悉有仏性」の語を好むのも分る気がする。

かうした観念が行き渡った根底には生産の豊かさと国土の豊穣を讃へて「現世」の繁栄に重きを置く古来の記紀神話的（神道的）な世界観が潜在してゐる。そこでは現実の国土とは別のところに人間の住むべき理想界を見出さうとはしてゐない。日本人の一年の暮しを振り返れば死者の霊も折にふれて現世（生者のもと）に戻ってくるほどに、現世現実中心的である。かうした世界観だからこそ、われらの先人は「⑦素直で善良な人物」をもホトケと呼び習はしてきたのではないか、さう考へると私など嬉しくなってしまふ。この神道的な世界観は宗教的人間のあり方を論述したウィリアム・ジェイムズに言はせれば、来世志向的な「二度生れ型」Twice-born type に対して、「一度生れ型」Once-born type とならう（『宗教的経験の諸相』）。

仏典では「彼岸」「盆」を説き明かせない

「仏」その他、身近な「仏教」に関する基本的な事柄を対比すると次頁の表のやうになる。「僧侶」についても本質的な差違がある。先に引用した「お釈迦様の教えに送葬儀礼はありません」といふ大阪府の僧侶からの投書であるが、釈迦が葬儀に関るなと弟子に説いたのは「修行の身の僧侶はそれに専念せよ」といふことなのであって、ここでいふ僧侶は日本人がふつうに思ひ描く僧侶のイメージとは大きく懸け離れてゐる。日本人にとっての僧侶とは既に修行を重ねてこの世の道理を弁へた文字通りの聖職者である。建前だとしても、あくまでも俗人とは違ふ聖なる存在と見られてゐる。だから葬儀といふ非日常的な特別な場に欠かすことのできない存在となってゐるのだ。もちろん現在においても、本来的な入山して粗衣粗食で読経三昧、坐禅三昧の行に勤しむ求道仏教は健在だし、日曜坐禅会など身近な所でも求道仏教は実践されてゐる。とくに座禅会の多くが寺を会場に葬式仏教の担ひ手である仏僧によって主宰されてゐて、僧侶は葬式仏教と求道仏教の二つに関ってゐるわけである。

「仏壇」についても、帰依仏を安置する所であるとの意識よりも、位牌を納めることで「死者の霊が依り来る」聖なる所と考へられてゐる。そもそも葬式が仏壇を設へる重要な契機となってゐるのが日本仏教である。「ウチはまだ葬式を出してゐないから仏壇がない」とは時折、耳にする言葉である。葬式と無関係に仏壇を設へる人（求道仏教の実践者！）がゐなくもないが、それほど多くはないはずである。

古来、日本では死とは霊魂が肉体から遊離した場合のことであった。遊離した霊魂を呼び戻す「魂呼ばひ」のために近親者が一定期間、傍らで過ごしたところに通夜の源流がある。霊魂が戻らなければ肉体は朽ちる。しかし霊魂は不滅であると考へられ、その霊に対する様々な儀礼が行はれて来た。今日、春と秋の彼岸や夏の盆は一年を通して最も大切な仏教行事であると理解されてゐる。「彼岸」の語が仏語の「到彼岸」（此岸から彼岸の「涅槃」に到ること）から来てゐることは良く知られてゐることだが、彼岸の際に執り行はれてゐることは「到彼岸」とは正反対であり、盆を含め死者の霊があの世（彼岸）からこの世（此岸）に暮す生者（愛《いと》しき人や子孫）のもとを訪れるといふ仏典では説き明かせないものとなってゐる。正月に来訪する歳神《としがみ》様も時間が経過して清められた死者の霊であって、われわれは戻ってくる霊を饗応《きょうおう》すべく「おはぎ」や「牡丹餅」、御節《おせち》をこしらへるわけである（霊魂について釈迦は論じてはならないといふ立場か

	仏教（求道仏教）	日本仏教（葬式仏教）
仏	最高の真理に目覚めた者	死者
僧侶	仏を目指して修行中の者	死者の霊を祀る聖職者
寺	修行のための道場	死者の霊を祀る聖なる所
法名	修行者に授けられた名前	死者に授けられた名前
仏壇	帰依する本尊仏の安置所	死後の名前を記した位牌の奉安所

ら捨て置き〈捨置記《しゃちき》〉、存在するともしないとも言ってゐない）。

「たとへ肉体は朽ちて跡なくなってしまはうとも、なほこの国土との縁は断たず、毎年日を定めて子孫の家と行き通ひ、幼い者の段々に世に出て働く様子を見たい」（柳田国男著『先祖の話』）と思ってゐるのだから、子孫を煩悩渦巻く穢土（此岸）に残したまま自らは苦しみのない理想の浄土（彼岸）に行ってしまふはずはないといふことになる（阿弥陀仏の慈悲を蒙る浄土門の教へに「二種回向」がある。自分が修めた功徳を衆生に施してともに浄土に往生しようと願ふ「往相回向《おうそうえこう》」よりも、往生した極楽浄土で阿弥陀仏からこの世に還来して生きとし生けるものを救済するお力を与へられるといふ「還相回向《げんそうえこう》」の方が日本人の気持ちに添ってゐるやうに思はれる）。

死は別離であって、別離ではない—映画『おくりびと』をめぐって—

第三十二回日本映画アカデミー賞で十部門の賞を独占した滝田洋二郎監督の『おくりびと』は、米国映画界の最高峰である第八十一回アカデミー賞でも外国語映画賞に輝いたことでさらに話題になった（平成二十一年二月）。

この映画は「納棺師」として納棺の仕事に従事してゐた青木新門氏が自らの体験を綴って自費出版した『納棺夫日記』を俳優の本木雅弘（映画『おくりびと』で主演）が十五年前に読んで、その中の「蛆《うじ》も生命なのだ。そう思うと蛆たちが光って見えた」との一節に意を留めたことから企画されたものだといふ（青木新門「『おくりびと』と『納棺夫日記』—世界が日本の〈死〉を理解した日」、『新潮45』平成二十一年四月号)。

納棺のために赴いた遺体は何ヶ月も放置されてゐた一人暮しの老人のもので無数の蛆が涌いてをり、「蛆が肋骨の中で波打つように蠢《うごめ》いていた」、「蛆を掃き集めているうちに、一匹一匹の蛆が鮮明に見えてきた。そして、蛆たちが捕まるまいと必死に逃げているのに気づいた。柱をよじ登って逃げようとしているのまでいる。蛆も生命なのだ。そう思うと蛆たちが光って見えた」といふのだ。

私は文春文庫の増補改訂版で接したのだが、「蛆たちが光って見えた」とは体験者にして初めて言へることで私の心も打った。そしてこの箇所を読んだ時、昭和十九年、パラオ諸島ペリリュー島で、絶望的な戦況のもと米軍指揮所に匍匐《ほふく》迫った満身創痍の船坂弘分隊長(のち大盛堂書店取締役会長)が「化膿した傷口に涌いた蛆が動くとチクチクと痛む、しかし痛みを感じることで目が醒めて、生きてゐる自分を確認できた」云々と記してゐたことを思ひ起した(『殉国の炎』ほか)。蛆虫の蠕動《ぜんどう》に生命の本質を感じ取るといふのは、農耕牛馬や従軍馬の慰霊供養、屠殺場の慰霊祭、製薬会社での実験動物の慰霊祭から始まって、鰻・鯏・蜂などから針・筆・人形・箸などの無機物に至るまで供養する日本的な霊魂観に通じてゐると思った。それらは今日の「ペット霊園」にもつながるもので、原始未開のアニミズムでありフィティシズムであるといふことにならうが、さうした古い観念が日本人の心の裡に生き続けてゐるのだ。映画『おくりびと』では、残念ながら「蛆たちが光って見えた」といふ生命の根源に触れた場面はなく、遺体に蛆が蠢く場面では納棺に当る主人公は目を背けて吐き気を催すといふ月並みの演出になってゐた。

それはともかく、文春文庫版を読んでゐて私としては少々気になったことがある。例へば「わが国の仏教の送葬儀礼様式や作法のほとんどは、死んでも死者の霊魂がさまようことを前提に構築されている」とか「わが国のほとんどの宗教では、人が死んでも霊魂がさまようことが前提となっている」とかの箇所である。弥陀の本願に帰依し絶対他力を讃仰するところでは、〈死即仏〉であるから人智の計ひの入る余地はなく、報恩感謝はあっても追善供養はないといふことのやうだが、「日本仏教」（葬式仏教）の現実では死者へのさまざまな儀礼がなされてゐる。例へば日本に於ける年忌供養の年数は三十三回忌（もしくは五十回忌）と他の「仏教国」に比して長い。それは死者の霊が長くさまよってゐると考られてゐるからだらうか。そもそも霊魂はどこに行くのかといふことであるが、前述のやうに日本では死者の霊は一年に何度もこの世に戻って来ると考へられてゐる。愛しき者の暮しぶりはどうであらうかと心に懸けて生者のもとへと来訪すると受けとめられてゐる。感じ方見方の相違といふほかはないが、「さまよってゐる」のではなく、肉体から遊離した霊は愛しき者たちの日々を見守ることのできる、この世と行き通ふことのできるほどに「近い」あの世、「この世と続く」あの世に留ってゐる。そこは生者の住むこの世と隔絶された異次元の世界ではない。「二度生れ」はしないのである。

ただし送葬儀礼では確かに送り出してゐる。「葬式仏教」では手甲脚絆《きゃはん》に杖を持った死装束に、三途の川の渡し銭を添へて納棺する。そして障りなく往生すべしと、年忌法要を繰り返す。それはこの世（穢土）のしがらみから解き放たれて来世（浄土）では安らかであって欲しいと遺族が切願するからである。その一方で、彼岸・盆や法要の折には改めて「戻って来た」霊を身近に感じて、法要の際には「故人も皆さんにお会ひできて喜んでゐることでせう」などと遺族代表が挨拶してゐる。「法師たちの供養の最も期待せられた効果が、人を浄土に送り遺るに在ったのだから、それは生死の隔離であり、乃ち我々の必ずしも希はざるところであった。現世にまだまだ沢山の心残りを持つ者が、どんなに仏法の盛行した時代にも、絶えなかった国柄である。それを悉く妄執の名の下に一括して片付けようとしたのは、出来ない相談だった…」「あの棚経の言葉が陳芬漢《ちんぷんかん》で、死者にも生者にもよく通じなかったので、せめて気まづい思ひをすることが少なかったからよいが、詳しく意味が判ったらびっくりせずには居られなかったであらう、と思ってもよい程に、寺と在家との計画はちがって居たのである…」（柳田国男著『先祖の話』）。

映画『おくりびと』の英語タイトルは〝Departures〟であった。Departureは「出発、門出、死去」の意である。複数になってゐるのは納棺の場面がいくつかあるからだらうが、死をこの世との別れと捉へて出発・門出の意味もあるDepartureを英語タイトルに持って来たものと思はれる。火葬にしろ土葬にしろ死によって肉体は消える。たしかに、死は「この世との別離」「あの世への出発・門出」となるわけである。映画では納棺の模様があの世への出発の儀礼として、白い仏衣の衣擦れの音とともに様式美を伴って見事に演じられてゐた。しかしながら、前述のやうに「日本仏教」では送り出してゐながら、盆に彼岸に命日に、その他折々に迎へてもゐる。死は死者にとっても生者にとっても「現身」との別離ではあるが、霊的には別離ではない。死は門出であって門出ではない。

そして、名前を持った特定の人のホトケ（死霊）は三十三回忌（五十回忌のところも）を過ぎると個別性を失ひカミ（祖霊）となり守り神・歳神となって正月に来訪するのである。三十三回忌を過ぎるころには生前の記憶を生々しく抱く親族も少なくなってゐるはずだから、そのころ個性を失って祖霊となるといふのは「妙に」合理的で感心させられる。

「死者が生者に発したメッセージ」―「千の風になって」、大ヒットの理由―

旧聞に属することだが、秋川雅史が歌唱する「千の風になって」が、平成十八年暮れのNHK紅白歌合戦で歌はれ、その後大ヒットとなった。この歌は紅白の前から、何人かの歌手によって既に歌はれてをり、それなりにヒットしてゐたやうだが、紅白の八ヶ月後にクラシック歌手史上初の売り上げ百万枚を突破してゐる（『モストリー・クラシック』平成十九年十一月号）から、NHK紅白がさらなるヒットに火を点けたことは間違ひはないだらう。紅白から四ヶ月余り後のある日、亡妻の墓参りのため横浜北部の公園墓地に行ったところ、少し離れた所に十人ほどの人だかりがしてゐて納骨の儀が執り行はれてゐた。そして、そこから抑へ気味の音量で「千の風になって」が聞こえて来て、なるほど、結構、流行ってゐるのだなと感心させられたものだった。

大ヒットの一番の理由は何か。その歌詞が伝統的な日本人の霊魂観にピッタリだったからだと考へられる。曲について云々する力は私にはないが、歌詞に関して言ふならば、死者の眼差しが風に乗ってこの世に遺された愛しき者たちを「朝に夜に秋に冬に」見守り続けてゐるといふものだからである。死者の魂はどこに行くのか?、どこに留まってゐるのか?といふ本稿で述べて来たことに深く関連してゐる。

この歌は作者不詳の英語詩を芥川賞作家で映像プロデューサー、シンガー・ソングライターの新井満氏が訳出してメロディーを付けたもので、私家版のCDとして平成十三年に制作したものが口コミで広がり紅白につながったのだといふ。新井氏によれば、氏の幼馴染みの友人の奥さんが三人の子を残して癌のため四十八歳で急逝（平成十年）、一年後に刊行された追悼文集の中にこの詩の翻訳が紹介されてゐるのを見て「私の目は釘づけになった」。それは「死者が書いた詩」だったからだといふ。「生者が死者の気持ちを慮って書いた詩はいくらでも見たことがあるが、これほど明確に死者が生者に向かって発したメッセージを目にしたのは初めてのことだった」。そこで遺族の悲しみが少しでも軽減するならばと新たに翻訳して曲を付け自身が歌唱するCDを三十枚作り、その一枚を故郷に住む傷心の友人に送った。すると故人を偲ぶ五周忌の会で流され、「自分の役目はこれで終わったと、既に忘却の彼方に去りつつあったのだが」、制作の二年後の夏に朝日新聞の「天声人語」欄で取り上げられると、「CDを分けてほしい」との声が殺到したとのことである（新井満「『千の風になって』誕生秘話」、『文藝春秋』平成十九年九月号ほか）。

もっとも、英語詩自体は以前から海外では知られてをり、例へばアメリカ同時多発テロから一年後（二〇〇二年）の追悼式で父を亡くした十一歳の少女によって朗読されてゐるし、一九八七年のマリリン・モンローの歿後二十五年の追悼式でも読まれ、その前年（一九八六年）のスペースシャトル「チャレンジャー」の事故で亡くなった七人の宇宙飛行士の追悼式でも朗読されたといふ。欧米では戦歿者の慰霊行事の折などにも読まれてゐるといふから、死者の眼差しを受けとめる心情は普遍的な人間感情といふことにならう。全能のゴットに召され「最後の審判」を待つ身であっても、この世への思ひは消えないと考へられてゐるといふことだらうか。

インターネットで関連する項目を見て行ったら、新井氏の訳・曲と別種の「千の風」（「千の風になって」とはタイトルが異なる）もあるし、「…N・Y留学中の友人の協力を得て…一九九七年五月二十八日、訳したものです」とか、新井氏の訳は「原詩にない新たな創作的表現が詩的に盛り込まれている」などといふ文面にも出会った。新井氏自身も自らの訳を「かなりの超訳」とか「私流の日本語訳詩」とかと記して、「この詩のキーワードが『風』だと考えたから」「原詩では一回しか使われていない『wind』＝『風』を訳文では六度使っている」と、必ずしも逐語訳にこだはらなかった旨を明言してゐる。

ここで福田恆存に触れるのは少し大袈裟かも知れないが、『ハムレット』（新潮文庫）の「解題」に興味深いことが記されてゐた。「翻訳には創作の喜びがある。自分が書きたくても書けぬような作品を、翻訳という仕事を通じて書くということである…」「いかに逐語的に訳語を並べていようが、それこそ意訳と言うべきものである。つまり、シェイクスピアの原文はこういうふうになっているものだと説き示す解釈に過ぎず、それは決して訳ではない。直訳こそ意訳だという原理の洞察がまず必要である…」（傍点山内）。古くは上田敏も訳詩集『海潮音』（明治三十八年刊）の序で「異邦の詩文の美を移植せむとする者は、既に成語に富みたる自国詩文の技巧の為め、清新の趣味を犠牲にする事あるべからず。しかも彼所謂逐語訳は必らずしも忠実訳にあらず」と類似したことを述べてゐる。「千の風になって」に関しては言へば「超訳」は「適訳」であったといふことである。

訳者が自ら「かなりの超訳」としてゐる「私流の日本語訳詩」は左の通りである（『モストリー・クラシック』平成十九年十一月号）。もとの英語詩は本章扉裏（一二頁）に掲げた。

千の風になって　　　　作者不明

日本語詩　新井 満

私のお墓の前で　泣かないでください
そこに私はいません　眠ってなんかいません
千の風に　千の風になって
あの大きな空を　吹きわたっています

秋には光になって　畑にふりそそぐ
冬はダイヤのように　きらめく雪になる
朝は鳥になって　あなたを目覚めさせる
夜は星になって　あなたを見守る

私のお墓の前で　泣かないでください
そこに私はいません　死んでなんかいません
千の風に　千の風になって
あの大きな空を　吹きわたっています

千の風に　千の風になって
あの　大きな空を　吹きわたっています

あの　大きな空を　吹きわたっています

死者の眼差しは「風」に乗って、寄り添ふが如く包むが如く見守って果しがない。あなたのゐるところ、どこでもいつでも一緒ですよ…と。朝も夜も、秋も冬も季節に関係なく、まさに「死者が生者に向かって発したメッセージ」である。新井氏は次のやうに記してゐる（前掲『文藝春秋』）。

「お墓は死者の『現住所』であり、死者と会える『面会所』だと私は考える。死者は普段、狭苦しいお墓の中にずっといるわけではなくて、『千の風』に歌われているように風や星、雪や光などさまざま形を変えて、世界中を自由に気持ちよく飛び回っているのである。しかし、生者がお墓に面会に来たことがわかれば、瞬時にお墓に戻ってくることも可能なのだ」

現住所と面会所の譬へは同感であり、上手い表現であると思った。「風や星、雪や光などさまざま形を変えて…」云々も、その通りと思ふ。日本人はひとつ所に留まってゐるとは考へて来なかった。例へばお盆の際に迎へ火と送り火で死者（の霊）を送迎する。送り火を焚いて送り出してゐるはずなのに、日々、仏壇にお茶や好物を供へてゐる。到来ものがあれば供へる。孫の大学合格を亡き祖父母に奉告してゐる。かうした際には死者は仏壇に戻ってゐるはずだ。また父の遺影を胸に入学試験に臨む娘には亡き父親が付き添ってゐる。日本では遺族親族に限らず「祈り」のあるところ霊は馳せ参じると考へられてゐるから、急逝した部員の遺影をベンチに置いて試合に臨む甲子園球児の傍らには、その亡くなった練習仲間がゐる…。

新井氏は「この国では、死者の魂は暗く、じみじめとしたお墓の中に〝閉じ込められてゐる〟ようなイメージが強かった」とも記して、「『千の風』の死者観、私のお墓観は」「日本人のこれまでの死生観とは相容れないはずだ」と述べてゐる。しかし古い墓地には視覚的に「暗くて狭苦しく、じみじめとした」ところがなくもないが、決して「閉じ込められてはゐなかった」。折々に愛しき者たちのもとに来訪してゐた。「日本人のこれまでの死生観とは相容れないはずだ」どころか、日本人の伝統的な観念に根ざした適訳だと思ふのである。前述の『納棺夫日記』には「さまよってゐる」と記されてゐたほどに「吹きわたって」ゐるのである。

「見えない宗教」の自覚的把握を！

日本は仏教国であって仏教国ではない

本稿では、死者の霊が生者のもとを訪ねるといふことを特質とする「日本仏教」（葬式仏教）について述べて来た。その根底には朽ちる肉体と不滅の霊魂といふ二元論的な観念が伏在してゐる。かうした霊肉二元論的な観念は神道（神祇信仰）が伝へて来たものであって、その土壌の上に生み出されたものが「日本仏教」であるといっていい。江戸幕府のキリシタン取締りに発する寺請制度で寺が今日で言ふ市役所の戸籍係の任をになったことから、「寺」と葬儀は一層深く結びつき現象的には葬式仏教化したわけだが、それだけで葬式仏教は説明できない。そこには古来の霊魂観が生き続けてゐるのだ。「異宗教との接触によっても容易には消滅することのない『民族の〈三つ子の魂〉』」（梶村昇著『日本人の信仰』）として生き続けてゐるのだ。

神棚と仏壇の共存、神仏の習合、結果として総人口を遙かに上回って二億人近くなる「宗教人口統計」等々、かうしたことを宗教学的には多重信仰（シンクレティズム）と呼び、「相反する、あるいは異なる二つ以上の宗教が、相互に接触することによって生じる意識的・無意識的融合」と宗教学辞典には記されてゐる。多重信仰といっても神道と仏教の影響関係はどうなのであらうか。

かつて拙著（『「深い泉の国」の文化学』）の中で神道と仏教の関係を「鏡餅」に譬へたことがある。上段が少しだけ小さな餅で、上段を仏教とし下段を神道とするお鏡である。真上からみるとほとんど日本は「仏教国」に見えるが真横から見ると神道の上に安定を確保してゐる「日本仏教」の姿が歴然とする。常設の社殿建築は仏寺の影響を受けたものと見られるし両者混淆の歴史は長いが、こと「霊魂の行方」といふ送葬の根本的観念についての影響関係ははっきりしてゐる。「日本に伝来した仏教は、自然宗教でもっとも重視されている死の儀礼を摂取して葬式仏教化することによって定着しえた」（宮家準著『日本の民俗宗教』）、「仏教はこの日本人の霊魂観に迎合してしてしまった」（ひろさちや著『仏教とキリスト教』）…。

この「日本仏教」について、「Buddhism in Japan ではなく、Japanese Buddhism の義と解すべきであらう」とされたのは恩師安津素彦先生だった。仏教といっても観念的に存在するものではなく具体的には印度仏教であり中国仏教であり日本仏教ではあるまいか、「日本の風土、文化といふ土壌の上に生ひ育った仏教との謂である」からである（『日本人の宗教心意』）。単に日本列島といふ「場」で仏教が展開したのではなく、日本の文化的土壌から養分を吸収して「生ひ育った」といふことである。

冒頭部で引用した、「仏教徒」無視のオバマ演説への論評の中に「通夜や葬式で念仏を唱える程度の『仏教徒』の私」とか「仏教徒の多い日本」とかとあったが、ここで言はれてゐた「仏教」とはまさに日本仏教＝葬式仏教のことであった。死者を「ホトケ」と呼んで経典からは説明できないものであった。しかし論評の筆者の念頭には神道的な霊魂観の上に安定を保ってゐる「日本仏教」といふ意識はおそらくなかったであらう。キリスト教・イスラム教と並ぶ世界の三大宗教のひとつとしての「仏教」だったであらう。

こだはるやうだが、私は「日本＝仏教国」「日本人＝仏教徒」といった括り方に、どうしても違和感を覚えてしまふ。たしかに聖徳太子の「三経義疏」以来、数多の高僧知識によってそれこそ汗牛充棟の論疏が著され、それらによって日本人は人生観人間観を鍛へ、そこに滋味を加へてきた。言ふならば求道仏教の大きな流れである。金銅像を伴った壮大な体系的思想は、氏族の枠を超えて思索するといふ精神の新生面を用意し、日本人を錬磨した。歴史的には飛鳥・白鳳・天平の仏教文化があり、平安期の密教文化や浄土信仰の深まりがあり、さらに鎌倉仏教があり禅文化があって、作庭・立花・茶の湯…などにも寺僧が関り、その上数多の名刹寺院が風雪に耐へて現存してゐるとなれば、どう見ても「日本は仏教国」である。しかし当然ながらそこからこぼれるものが無数にある。

ひとつだけ象徴的な事例を挙げれば、七世紀建立の法隆寺が千四百年の風雨を凌いで世界最古の木造建築として今日に受け継がれてゐるが、その一方で、七世紀末から始まる伊勢の神宮の式年遷宮が室町戦国期の遷延はあっても「二十年ごと」に繰り返されて、六十二回目の御遷宮が平成二十五年十月に厳修されてゐる。これが一面では大小数多の堂塔伽藍が聳える「仏教国」日本の姿である（文化継承のあり方として同一建造物が永く久しく連続する「法隆寺」型と、初めから建て直すことで造られ造り替へが繰り返されて連続する「神宮」型の併存はまことに興味深い）。

そもそも「三宝興隆の詔」が発せられ仏教受容の方針が確立した太子摂政時代には「神祇祭拝の詔」が併せ出され、東大寺盧舎那仏建立の際には宇佐神宮の神助が仰がれ、最澄・空海は「神々の山」比叡山・高野山に道場を開いた等々と列挙すると枚挙に暇がない。天平感宝元年（七四九）四月、聖武天皇は東大寺行幸の折、「三宝の奴」と称して礼拝されたが、その二年前の天平十九年（七四七）には聖武天皇の御世になって二度目の御遷宮が厳修されてゐる。要するに単眼では把握できないのである。日本は仏教国であって仏教国でない。

日本は生者と死者が折々に交感する宗教性豊かな国

ところで、対外的に日本の宗教事情を説明する際には「仏教国」とすれば差し当っては通りが良いと言はれる。海外で自分の宗教を問はれた際、日本人は少し戸惑ったあとで「無宗教」と答へるやうだが、冒頭で触れたやうに「無宗教」と返答すると、不道徳・無節操等のあらぬ誤解を呼んでしまふから「仏教徒です」としておけば無難だとは事情通の教へるところである。そして多くの日本人はお葬式やお盆を連想してか?それに従ふらしい。誤解を避けようとして「仏教徒」と答へたとしても、それは「仏教」とはかなり外れた「葬式仏教」なのだから、内実は新たな誤解を生んでゐるわけである。それにしても、なぜ無宗教と答へてしまふのだらうか。十年近く前の読売新聞の世論調査「宗教観」ではあるが、七十五・四%が「宗教を信じていない」と回答してゐる（平成十七年九月二日付、読売）。

かねてから感じて来たことだが、無宗教どころか日本人の生き方には深い宗教性が伴はれてゐると思ふ。確かに既成の所謂「創唱的な宗教」の枠には収まらないし身近で当り前すぎて逆に把握し難いのだが、一年の暮しの節目節目に亡き人の霊を迎へ、またこちらから伝へたいことがあれば直ちに霊が来訪する（例へば「お祖父ちゃん、成人式を迎へたよ」などと仏壇に晴れ着姿の写真をお供へする等々）といふ、折々に生者と死者が交感する伝統的な日本人のあり方は立派な宗教だと思ふ。一般に「この世の生」を問題にするのが哲学で、宗教は「死後の生」を考へるものだと言はれるのが、その定義にもよるが宗教は「人々の心と生き方を律して自づからなる行動に導く教へ」だとすれば、日本人の生活の中に宗教は生きてゐる。小泉八雲（ラフカディオ・ハーン）は「日本は死者の支配する国だ」と言ったといふのはこの意味であらう。これらは各家庭で遍く行はれて来たことで、子供はその中で情操と道徳観念を身につけて来た。「宗教教育がなくて、どうして道徳教育を授けるのか」と新渡戸稲造に質問したベルギー人には、「一神教世界のやうな『怖い絶対者』を前提にした宗教教育はないが、折に触れ亡き人に思ひを馳せその眼差しを感じとる生活の中で、亡き人に恥ない生き方をしようと自己を律することで道徳教育が自づから行はれて来た」と返事をすれば良いことになる（前出の読売に世論調査では、「しばしば仏壇や神棚等に手をあわせる五四・七%、盆や彼岸に墓参りする七九・一%、正月に初詣に行く六九・九%」となってゐた）。かうしたことが特定の創唱者・教典に依らずとも、当然のこととなってゐる。「とくに宗教と意識されずにいわば生活慣習として行われている」ところの「見えない宗教」となってゐる（宮家準著『日本の民俗宗教』）。そこで、日本人はつい「無宗教」と答へることになる。

キリスト教圏における〝non-believers〟「無神論者」（無信仰者）には道徳的非難に対抗せんとするある種の自己責任的な覚悟が伴はれてゐる感じだが、日本人の「無宗教者」にはそれはない。太古のアニミズム的観念が生き続けてゐる日本人にとって、神社と寺の共在を日常的に目にしてゐる日本人にとって、「宗教は?」と尋ねられることほど返答し難いことはないのではないか。他者と対置対立して「多く戦争の原因をなして来た」一神教の徒ならば迷ふことなく「□□□教」と答へられるだらうが、日本人は排他的な「造物主の怖い視線」からもっとも離れたところにゐる。さうしたことからも容易に「宗教を信じていない」と答へてしまふ。

「日本教」の自画像を結ぶために

戦歿者慰霊のため、かつての激戦の地パラオを訪ねた知人は出発の前夜、左のやうに詠んでゐる（向後廣道氏「パラオの海に山に―水戸歩二会・ペリリュー島慰霊会とともに―」、平成二十一年一月）。

慰霊の旅間近かになりて将兵の数を思ひつ米包みをり
み社《やしろ》のお札いただき線香も整へ行かなむみ戦《いくさ》の地に

故国の米と靖国神社の御札、そして線香を帯して赴くといふのだが、神道なのか、仏教なのかなどと日本人はいちいち弁別しようとしない。さらに現地での詠草に次のやうな歌もある。

「戦友よ安らかに」との慰霊碑に供物手向ける読経のなか
「みたま」碑はひそと立ちをり靖国のお札を祀りて御酒《みき》を捧ぐる

今では二葉百合子を初めいろんな歌手が唱ってゐる石松秋二作詞「九段の母」（昭和九年製作）の三番は左のやうな歌詞である。

両手あはせて　　ひざまづき
おがむはずみの　お念仏
はっと気づいて　うろたへました
せがれゆるせよ　田舎もの

戦死した息子が祀られてゐる靖国神社にお参りするべく上京した母が社頭に額づき、「…おがむはずみの　お念仏　はっと気づいて　うろたへました…」との一節に、靖国の社頭で思はず念仏を唱へてしまったといふ「わが子を思ふ親心」に、同情共感こそすれ宗教的な違和感を覚える日本人はまづゐないだらう（靖国神社を貶めんと敢へて言挙げする「進歩分子」は別だが）。そもそも母の住む生家には仏壇があるはずだし墓も建てられてゐるはずだ。それでも息子に会ふために老いた母は「杖をたよりに」上京する。「祈り」のあるところに息子の霊は馳せ戻ってゐるからである。ひとつ所に留ってはゐないのである。

従って、いかに葬式仏教が一般化して寺院が遍在し、仏教書が多く読まれてゐるにしても、「日本は仏教国」「日本人は仏教徒」としてしまってはあまりにも皮相的に過ぎるし、「古来の霊魂観の上に安んじてゐる日本仏教」に包まれて生ひ育ってゐるはずなのに自らを「無宗教」と自己認識してしまふのも寂しい限りである。これでは代々の先人たちよって受け継がれてきた自国の宗教的実相を把握する途を自ら塞いでゐるに等しい。そこで浮上するのが「日本教」といふ言葉である。私はこの言葉を四十余年前のベストセラー、イザヤ・ベンダサン著『日本人とユダヤ人』を読んで初めて接したのだが、そこではとくに宗教に限定されたわけではなく「日本人独特の行動原理」を広く指して使用されてゐた。

この「日本教」の名辞は、インド人の間に古来伝承する社会制度を含む宗教的文化全般をヒンズー教（インド教）と呼ぶやうに、日本人自身が「見えない宗教」を顕在化させ意識的自覚的に捉へ直す際に大きなヒントを与へてくれるのではないか。とは言っても「とくに宗教と意識されてゐない」「見えない宗教」を顕在化させ、その認識を広く共有するといふのは生やさしいことではない。財産家の放蕩息子が自分の放蕩ぶりになかなか気づかないやうに、日本人は自らを時には「仏教徒」と思ったり、時に「無宗教」と思ひ込んだりしてゐるのだから容易なことではない。

日本人が自らの宗教的特色を自覚し認識するためには、例へば一神教的世界の対立抗争の歴史に目を向けることが不可欠であらう。外の世界を知ることは翻って自分自身を知ることだからである。一神教の世界では他宗教との対立と同時にそれぞれの内部での正統と異端の軋轢抗争を抱へてをり　その原理主義的な激しさはおよそ日本人の理解を越えてゐて流血にまでつながる厳しさである。当然にそこで生きる人々の生活態度も原則重視で非妥協的な厳格さを伴ふ。かうした他者の生き方についての多くの情報を持つことで、自づと「日本教」の自画像が結ばれて来るはずである。

しかしながら、そこに到るまでには相当の時間と努力を要することは間違ひない。国際的交流がますます深まる現代において、日本人が「日本と日本文化」の本質を把むことの意味合ひは一層増してゐるわけだが、何よりも大事なことは、自国文化の本質は何かを温ねる意欲がわれわれ自身にあるかどうかである。

グローバリゼーション（地球規模化）といった掛け声に浮れることなく、否、経済活動のグローバル化が避けられない時代ならば、なほのこと一層自覚的に自国文化の本質把握に努めることがわれわれに課せられてゐるのではなからうか。禅語に「脚下照顧」の語があるが、まさに自らの足元をよくよく見よと言ひたいのである。そのための努力を惜しむなと言ひたいのである。

終りに ―最近の葬儀事情への管見―

日本消費者協会のアンケート調査（平成十九年二月発表）によれば、かつて葬儀の九五%を占めてゐた仏教式が九割を下回り八九・五%（首都圏では八二・八%）だったといふ。神道式三・二%、キリスト教式一・七%、無宗教式三・四%。仏教式の漸減に対して数値はまだ低いが「無宗教式」が漸増（首都圏では七・八%）し、「仏教式」離れがそのまま宗教離れを招いてゐるやうだ。

最近、「密葬で済ませましたので御知らせ申し上げます」といった連絡を重ねて受けた。家族身内だけで営む「密葬」は後日改めて本葬（告別式・お別れの会）を行ふことを前提にしたもので従前からの送葬のあり方だったが、近年耳にする「密葬」はそれとやや趣が違って所謂「家族葬」を指してゐるやうだ。新しい葬儀の形として「家族葬」や「直葬」がマス・メディアでも取り上げられてゐる。「家族葬」は文字通り家族または家族に準じた者によるもので、参会者がごく限られる他は従来の方式だから、通夜も行はれるしお寺さんの読経もある。「直葬」になると様変りする。メディアが多く話題にするのもこちらの方である。

〈セレモニーをせず、火葬のみで済ませる「直葬」〉〈葬儀をしない、火葬のみの「直葬」〉〈葬儀をせず、身内だけで故人を送る「直葬」〉〈死亡届の提出、火葬・埋葬許可書の受取りなど法律で定められた最小限のことだけを行う「直葬」〉等々。葬儀専門誌『ＳＯＵＧＩ』の碑文谷創編集長によれば、以前は生活困窮者や身寄りない人が大半だった直葬が二〇〇〇年以降、「資産の有無にかかわらず、都市部を中心に広がり、今では東京で全体の二、三割、地方で五～一〇％に達する」といふ（平成二十年九月二十二日付産経、「ライフプラン」欄）。「葬儀はしなくていい」と逝く者は遺言し、「誰を呼ぶかなど、段取りを考へると煩しくなった」と送る者が考へるところにその心象風景があるとしたらこんなに寂しいことはない。無宗教式の葬儀が増えた背景には「直葬」の広がりがあると見ていいやうだ。高齢化の進展や葬儀の費用がかさむことが直葬の注目される大きな理由となってゐるやうだが、前述のやうに「資産の有無にかかわらず」広がってゐるといふのだから、費用云々は必ずしも直接的な理由ではないらしい。

費用だけの問題だったら、送る者の懐具合に合った葬儀を営むまでのことである。葬儀社綜合案内センターの三国浩晃社長によれば仲介した葬儀に占める直葬の割合は、七年前には一割だったが、今は三割近くに増えてゐるといふ。その理由として「葬儀に費用をかけたくない、あるいはかけられない人や、家族関係が希薄になり、手っ取り早く遺体を処理したいと考える人、儀式より故人との別れを重視する人が増えていることなどがある」とのことである（前掲産経紙）。

それぞれ重い指摘であるが、私が最も気になるのは「儀式より故人との別れを重視する」ことが直葬の理由に挙げられてゐることである。別れを重視するから火葬のみでセレモニーはしないといふのだが、如何にも形に囚れない現代的な生き方のやうに見えるが、形を伴はない「故人との別れ」とは何だらうかとつい考へてしまふ。確かに形が整って立派に見えても中味のないことはあり得るが、だからといってセレモニーは要らないとはならないはずだ。形と中味は二律背反でも二者択一でもない。何よりも送る側の心構へが揺いでゐるやうに思はれてならないのだ。

かうした理由を聞かされると伝統的な形を崩すことが人間の幸福につながるといった薄っぺらな進歩信仰がつひに葬儀にまで及んで来たのかとの思ひがする。「手っ取り早く遺体を処理したいと考える人」と「儀式より故人との別れを重視する人」とは実は同じ人ではないかと言ひたいのである。別れを重くみる者はそれなりの手順を践むはずだからである。それが人間の文化といふものだらう。

儀式儀礼のあり方は歴史的所産であるから、送葬において「儀式よりも別れを重視する人」が、もし多数派になったとしたらその共同体は崩壊に瀕するだらう。死者への礼儀礼節といふ人間教育の大眼目から考へても直葬の広がりには懸念を覚えるが、送葬といふ最大の非日常的な場面が火葬のみで良いとなったら、日常との落差は著しく縮まる。それは人間にとって果して幸せなことなのか、人間らしいことなのか。私はハレ（晴—普段と異なり心身が改まってゐる状態）とケ（褻—日常平生の、普段通りの状態）のギャップがどれほどのものかで、その共同体の健全性・健康度が推しはかれると考へる者だが、その意味では「葬式仏教」はハレの実質を備へてゐる。

言葉をあらため衣服をあらため、場もあらたまる。その日の顔ぶれは日常とは一変する。葬儀の形は一朝一夕に生れるものではないはずで、さまざまな事情や理由があるにせよ、さうした形を受け継ぎ執り行ふ心理的負担から免れるかのやうな、〈死亡届の提出、火葬・埋葬許可書の受取りなど法律で定められた最小限のことだけを行ふ「直葬」〉〈セレモニーをせず、火葬のみで済ませる「直葬」〉は大いに問題ありである。

しかも「資産の有無にかかわらず」広がりつつあるといふのは、寂しいといふ以上に文化と歴史の否定であり、そこに現代人の傲慢の臭いが感じられて仕方がない。従って、直葬とは言ひながらも火葬の際、僧侶にお経を読誦してもらふケースもあると聞くと、私などは少しはほっとする。

〈平成二十一年四月十日付の産経記事によれば、近頃は火葬場周辺住民の反発から宮型霊柩車が姿を消しつつあり、条例でその乗り入れを禁止した自治体もあるといふ。それは周辺住民が「いかにも葬式といふ雰囲気がある宮型霊柩車」の出入りを嫌ひ、一方では地味な葬儀を望む人も増えてゐるからだといふ。葬儀が派手である必要は全くないし周辺の住宅事情を自治体が考慮するのも分らなくはないが、直葬が広がりつつある趨勢と併せて考へると、ここにも葬儀の非日常性を薄める動きが及んでゐるやうに思はれる。「故人の死を悼むことと、葬列や祭壇を大きくすることはかつて同義だった…。輿《こし》から発展した宮型霊柩車は、日本の送葬文化そのもの。衰退は寂しくもある」とは前出の『ＳＯＧＩ』誌の碑文谷創編集長の言だが、深く考へさせられる。

現在のわが国では何によらず、普段性・日常性が善しとされ、居住ひを正す「ハレ」の場面を避けたがってゐるやうに感じられる。

学校を例にとれば式典の簡略化、全校朝礼のなし崩し的取り止めなどである。お笑ひタレントを呼んだり遊園地で行はれたりする成人式なども同類であらう。タレントの生出演なら「ハレ」かも知れないが。さらに下卑たパロディーを日夜垂れ流すテレビが生真面目さを茶化す風潮を煽ってゐる。渦中にあっては気づかないだらうが、その結果、世界のどこの国よりも日本の若者はハレとケのけぢめを見失ってゐるやうに私には見える。自分を抑へる時と自分を解き放つ時のけぢめを見失ってゐる。緊緩の弾性を失ったゴムのやうに伸びきってゐる。かうした若者を育てたのはいふまでもなく大人世代であるが、その大人社会が「直葬の広がり」――「姿を消す宮型霊柩車」――「費用をかけずに、家族だけで」――「儀式をせずに故人との別れを重視する」といった具合に送葬儀礼の非日常性を稀薄化してゐる。「送葬文化（ハレ）の衰退」によって「日常（ケ）の空洞化」「家族関係（ケ）の薄弱化」は一層深まるのではないか）。


葬式仏教がハレの実質を帯びてゐるからといって、「檀家制度にあぐらをかき、お布施と称した金銭を受け取る」ことを即全面肯定するわけではない。ことに大都市近郊の一部金満寺院と金満僧侶の存在は醜くもある。言ひたいのは、非日常的な葬儀には俗人とは別の聖職者が必要だといふことである。その点で葬式仏教は意味があるのだ。僧侶の責めは重い。仏僧でなくとも俗人ならざる宗教者によって送葬は営まれるものだといふことである。

これまでの葬式仏教を飽きたらないと思ってゐる人たちによってさまざまな「自由葬」が考へられてきた。従来の形式にこだはらない自由な発想でといふことなのだが、その場合も宗教をベースしたものと無宗教式のものとがあった。しかし、営む者は「無宗教式」のつもりでも、どのやうな形であれ葬儀は優れて人間的な行為なのであってそれ自体が宗教性を帯びてゐる。寂しくも傲慢に見える「火葬のみの直葬」であっても、既成の宗教宗派のお世話にならないといふだけのことなのだ。その意味で無宗教式と思ひ込むのは勘違ひであり「傲慢」なのである。

それにしても近年「無宗教式」が増えて首都圏では七・八％といふのはかなりの数値である。そこには自らを無宗教と答へてしまふ日本人の自己認識の不徹底さに通じるものがある。そして、趣向を凝らした「自由葬」の新スタイルが次々に生み出されるのは、日本人が今なほ八百万の神々と共にあって「唯一絶対の創造主からの怖い視線」とは無縁であることを物語るものである。

第二章　五箇条の御誓文に甦った十七条憲法の精神

——太子憲法の説く「協心協力の世界」——

聖徳太子御肖像（御物）
（『日本及日本人』平成十一年八月号所載）

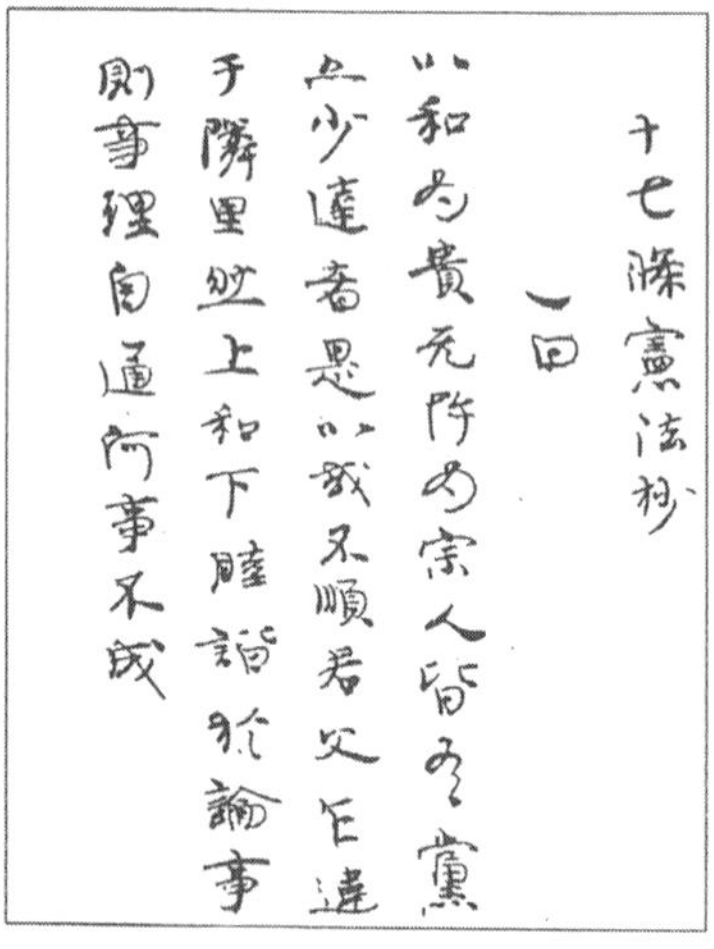
十七條憲法抄
一曰
以和為貴无忤為宗人皆有黨
亦少達者是以或不順君父乍違
于隣里然上和下睦諧於論事
則事理自通何事不成

聖徳太子の御自筆『法華義疏』から集字して編まれた「十七条憲法」
（姉崎正治謹集字『上宮太子聖徳王文抄』、法相宗勧学院同窓会）

はじめに

推古天皇の御代、七世紀初めに、聖徳太子によって示された十七条憲法の説く「協心協力の精神世界」は、公と私、自と他との和合協力の道を示すわが国の根本道徳であった。それは以降の歴史を貫いて平安、鎌倉、室町、江戸期の諸法典に繫がり、ひいては明治維新の基本理念である五箇条の御誓文の中に大きく甦へることになる。さらに、昭和天皇が終戦翌年の年頭詔書の冒頭に五箇条の御誓文を掲げられたことにより、十七条憲法の精神は、戦後の原点にも据ゑられてゐるのである。

十七条憲法と私

相共に賢愚なること鐶の端無きが如し

本稿を執筆するに際して、あらためて聖徳太子の「憲法十七条」を読んでみた。大学三年生の時、訓読文ではあったが初めて全文を読み通して以来、これまで幾度、読んだことだらうかといいささか感じるものがあった。それほどの長さではないが、毎年授業で触れて来たからその度に目を通したことになる。教壇に立って四十五年になるが、最初のテストの時、第十条を諳《そら》んじて来ることを予《あらかじ》め課して、その現代語訳とともに書かせたものだった。

こちらも二十歳代で若かったから、第十条の眼目ともいふべき「共に是れ凡夫のみ」の受け止め方も浅かったに違ひない。その時、自他の間に厳として横たはる見解の相違が「人皆心有り。心 各《おのおの》執《しふ》あり」（各人の心に執り付いてゐるもの、例へば生育歴などから来る見方や感じ方の差異）から発してゐるとの指摘に説得力を感じないかと生徒らに迫り、「相共に賢愚なること、鐶《みみがね》の端《はし》無きが如し」といふ巧みな比喩《ひゆ》が千四百年近く前に書かれてゐることに驚きを覚えないか、と自分の印象を交へて語ったものである。

「鐶の端無きが如し」とは言ひ得て妙なるものがある。「棒には右端と左端があるが、イアリング（耳輪）の形は円いから上下左右の切れ目（端）がない。どこまでが上部でどこからが下部かは容易には決めかねる。つい、賢いとか愚かであるとか他者を決めつけたくなるものだが、輪の上下がつながってゐるやうに、賢愚の区別は容易にはなしがたいことである」といふ意味にならうが、ここから他者を見つめる視線の温かさが感じられるではないかなどとも話したことが、昨日のことのやうに思ひ出される。還暦を遙かに過ぎた今日、その譬喩の巧みさにいよいよ感心してしまふのである。

十に曰く、忿《ふん》を絶ち、瞋《しん》を棄て、人の違ふを怒らざれ。人皆心有り。心 各《おのおの》執有り。彼是《ぜ》とするときは則ち我は非《ひ》とす。我是とするときは則ち彼は非とす。我必ずしも聖に非ず、彼必ずしも愚に非ず。共に是れ凡夫のみ。是非の理《ことわり》詎《なん》ぞ能く定むべき。相共に賢愚なること、鐶《みみがね》の端無きが如し。是を以て、彼の人瞋《いか》ると雖《いへど》も、還《かへ》つて我が失を恐れよ。

我独《ひと》り得たりと雖も、衆に従ひて同じく挙《おこな》へ。

「怒り」には心の中にあって表情に出ない「忿《いかり》」と面輪《おもわ》に出て目の色が変る「瞋《いかり》」とがあることを、第十条を読むことで改めて気づかされたものだった。忿（いかる、うらむ）と瞋（目をいからす）の二文字を知ったことは些細なことのやうだが、このことによって、これまで何かと気づかされ反省させられることが多かった。

正直に申して、教壇に立ったばかりの頃、第十条の締めくくりの「我独り得たりと雖も、衆に従ひて同じく挙《おこな》へ」の箇所をうまく説明できなくて苦労した。字面だけで考へると、いかにも主体性がなく多数派に合はせるやうに思はれたからである。しかし、これは第十七条の「夫《そ》れ事は独り断ずべからず、必ず衆と與《とも》に論《あげつら》ふべし」とか、第十三条の「或は病《やまひ》し、或は使《つかひ》して、事に欠く」ことがあっても「知るを得む日は」「与《あづか》り聞くに非ざるを以て公務を妨ぐること勿れ」といふやうな内容と相通ふもので、独断の避けるべきこと、他と共に取り組む心構へをいかなる際にも忘れてはならないとの意味内容だと確信的に理解できたのは少し後のことであった。ある程度の実社会での体験が、単なる字義の意味だけにとどまらない「人生上の真実」を感じ取ることを可能にするものだといふことを知ったのだった。「自」と「他」のやうに、理屈の上では相反するやうに見えることでも、それらを相即するものが具体的に展開する人間関係の中にあり得るといふことである。

嫉妬の患其の極を知らず

学生の時は学生なりの人生体験に応へてくれたし、職業に就けば就いたで同僚とどう付き合ひ上司にどのやうに仕へたらいいかを十七条憲法は教へてくれたやうに思ふ。読む者の年齢や境涯、社会体験からくる理解力・把握力の深浅に応じて、汲めども尽きぬ示唆を与へてくれる古い文献を「古典」と言ふのだらうが、私にとっては太子憲法が一番長く深く親しんだ古典だった。今でも、ふと思ひ当ることがあって、繙くことがある。

古典は文字通りに言へば「古い典籍」となるが、それが読み継がれて伝ってゐるといふことは時代を超えて読者を魅了する人間的真実が記されてゐるからに他ならない。十七条憲法に示されてゐる「人間観の深さ」と「人間性への鋭い洞察」は、まさに超時代的な普遍性があって、年齢を重ねるにつれて感嘆の念を強くしてゐる。そこから感じ取られる他者への信頼感に裏づけられた温かな眼差しが、また太子憲法の何よりの魅力なのである。

「人尤《はなは》だ悪しきもの少し。能《よ》く教ふれば之（ここでは「仏教」の意）に従ふ」（第二条）、「世に生れながら知る者少し。尅《よ》く念うて聖と作《な》る」（第七条）などといふ文言には、包み込まれるやうな励まされるやうな気持ちにさせられる。とくに第十四条の「嫉妬の患其《そ》の極を知らず」との一節の適確さには今も唸《うな》ってしまふ。

十四に曰く、群卿百寮、嫉妬有ること無《なか》れ。我既に人を嫉《ねた》めば、人亦我を嫉む。嫉妬の患其《そ》の極を知らず。所以に智己《おのれ》に勝るときは則ち喜ばず。才己に勝るときは則ち嫉妬《ねた》む。是を以て、五百歳の後、乃今《いまし》賢に遇はしむるとも、千載を以て一聖を待つこと難し。其れ聖賢を得ずんば、何を以てか国を治めむ。

人間とは哀しいもので、大きく自分に優越する者に対してよりも、自分よりも少しばかり勝ってゐると思ふ者に対して、時に素直になれない場合があるものである。例へば、かつて自分と同程度だと勝手に思ひ込んでゐた者が、業績をあげて世間に認められたといふやうな風の便りが届いたとしよう。そのやうな場合に、何となく面白くなくなるさもしい根性が嫉妬である。嫉妬の語意を辞書で確かめると「優越者を憎悪する感情」とあった。憎悪とまで行かなくとも何か素直に喜べない、難癖をつけたくなる心の動きは確かに存在する。優越者を引き摺り降ろさうとする濁った心理に身をまかせて互ひに嫉《ねた》み合ってゐては、即ち他者の優れた面を貶《けな》し合ってゐるやうでは、まさに「嫉妬の患其の極を知らず」で、その弊害は限度（極《きはまり》）がなくなる。

三十年ほど前、ここを読んでゐて「さうだ！　坂道を転がり落ちるのにお互ひ努力は要らない」と納得させられたものだった。他者の秀《ひい》でた所を率直に認めて受け容れるには精神的な努力を要することがある。これらはほとんど無意識的にやってゐることには違ひないが、高処《たかみ》を目指すにはそれだけふだんから心がけなければならないだらう。逆に嫉妬の感情に身をまかせるには何らの努力も要しない。精神的には低い方へ落ちて行くのだから。

話は若干それるが、近年のいくつかの大新聞の皇室報道を読んでゐて、非常に読みにくいものがある。敬語を意図的に避けてゐるとしか思はれないものがある。貴きもの、高貴なもの、貴きものとされて来たもの、かうしたものの意味合ひを理解するには少々の精神的な努力を要するだらうが、その努力を惜しんでゐるのか、おそらくは貴きとされて来たものを貶《けな》さうとする政治的思惑からだと思はれるが、文章が不自然で読みにくい。敬語を敢へて使はないその心根には傲りに似た高慢なものが感じられてならない。そんな時、いつも「嫉妬の患其の極を知らず」が、脳裏をよぎるのである。当人は粋がってゐてもその心性は停滞したままで磨かれることがないのではないか。努力をしないどころか、むしろ逆で、敬語を使はないといふ奇妙な努力をして不自然な文章を書いてゐる。それはより高きものを指向することの逆で精神的には易きに流されてゐて、自らを貶《おとし》めてゐるやうに思はれるのである。

和を以て貴しと為す

「嫉妬の患其の極を知らず」に心底から感嘆するやうになった頃、「和を以て貴しと為す」で始まる第一条がまた新しく輝いて見えて来たのであった。

一に曰く、和を以て貴《たふと》しと為し、忤《さか》ふこと無きを宗と為す。人皆党《たむら》有り。亦達《さと》れる者少し。

是を以て或は君父に順《まつろ》はず、乍《たちま》ち隣里《りんり》に違《たが》ふ。然れども上和《やはら》ぎ、下睦びて事を論《あげつら》ふに諧《かな》ひぬるときは、即ち事理自《おのづか》ら通ふ。何事か成らざらむ。

第一条冒頭の「和を以て貴《たふと》しと為し」の一節は、聖徳太子は「和」の理想を強調された、和合すべきことを強く説かれたとして、最も良く知れわたってゐる箇所であらう。ここで言はれてゐる「和」とは単に「忤《さか》ふこと無き」争ひごとがないといふ消極的な意味内容ではなく、もっと積極的な意味合ひがあるはずである。相互に協力して高処を目指す積極性に裏打ちされたものと思ってゐる。

各人が自分の得意なものを持ち寄って、しかも全体の調和が醸し出される精神世界のことが「和」ではないか、と第十四条との関連で理解されるのである。調和を保つために自分を抑へて我慢するなどといふ屈《かが》んだことではなく、むしろ伸び伸びと自分自身を出して行くことがここでいふ「和」ではなからうか。いふならば「和」とは「合唱」の世界である。ソプラノ・アルト・テノール・バスと各自が自分の最も得意とする音域を担当して精一杯、自分を表現する。互ひに他者の長所を認め合ってゐながら、同時に全体のハーモニーが奏でられる。嫉妬の対極にあるのが「和」の世界であらう。各楽器の音色が一つに融け合ふ交響曲に譬へることもできる。合唱ならば、小学校の音楽の授業以来、誰でも何度かは体験して来てゐるはずである。

しかし「和」の世界を身近に体験することはあっても、それを持続することは実に難しい。否、持続できるものではないのかも知れない。「人皆党有り、亦達れる者少し」の人間だからウマの合ふ者同士で固まって、大した意味もなく仲良しグループを作り仲間はづれをしてしまひがちである。党派心を乗り超えることは口でいふほどに簡単なことではない。ただし、ある課題を成し遂げるために夢中になって共に取り組んだ後などに、もしかしたら「和合協力の世界」が実現してゐたのかも知れないとふと思ひ当ることはある。学生のサークル活動を例にとれば、文化祭の展示発表に間に合はすべく前日、半徹夜で作業した折などである。それは頭で考へてもなかなか感じ取ることのできない体験的な世界であって、むしろ我を忘れてゐた自分に後で気づいて「和の実現」とはかういふことだったのかと振り返って自ら得心する「自他融合の瞬間」のことのやうに思はれるのである。

かつて大学院の演習で、十七条憲法を講読した折、森田康之助先生は、第一条の「人皆党《たむら》有り」に続く「亦達《さと》れる者少し」(原文「亦少達者」)の一節を「亦少しく達れる者」と訓《よ》んだ方がいいのではないかと講義された。確かに「達れる者少し」の訓みには、人間を道理を悟った少数者と、まだ悟ってゐない多数者とに分けて見てゐるニュアンスが感じられる。そして当然のやうに自分を悟った少数者の方に入れてゐる…。第十条の「相共に賢愚なること、鐶《みみがね》の端無きが如し」に窺はれる人間観からみても、さらには太子の仏典注釈書『維摩《ゆいま》経《ぎょう》義疏《ぎしょ》』(文殊問疾品)で「自行外化を憶して以て心を調伏すと雖も、若し自他の二境を存して修行せば、則ち修する所広からずして」云々と説かれてゐるその人生観から考へても、「人間はとかく党派心に動かされやすく、達れるところの少ない者である」との訓みの方が、即ち「少しく達れる者なり」の方が相応しいのでないかと納得させられた次第であった。

わが国初の成文法

「日本文化創業」―聖徳太子の時代

太子憲法はもとより人生訓や処世上の心得を説いたものではない。七世紀の初め、「統一国家の理念」と「道徳政治の理想」を当時の豪族（官吏）に示したわが国初の成文法である。「憲法」とは言っても、現代でいふ国家の基本法典としての憲法よりも意味するところは広く、政治思想と道徳的訓戒の両要素が渾然《こんぜん》としてゐる。それだけに「公と私」「組織と個人」「他者と自己」といふ一見、矛盾するものを相即しながら、何時の時代も生きて行く人間にとって示唆するところ大なるものがあるわけである。立憲制を導入した明治時代に、constitution の訳語としての「憲法（いつくしきのり）」の語が使はれるやうになるが、それが憲法十七条に由来してゐる（中村元氏ほか）こともまた事実なのである。

『日本書紀』の推古天皇元年（五九三）四月の記事に「厩戸豊聡耳皇子《うまやとのとよとみみのみこ》を立てて、皇太子《ひつぎのみこ》とす。仍《よ》りて録摂政《まつりごとふさねつかさど》らしむ。万機《よろづのまつりごと》を以て悉《ことごと》に委《ゆだ》ぬ」とある。聖徳太子は推古天皇の皇太子であり摂政の立場にあった。前年の崇峻天皇の弑逆《しいぎゃく》に見られる混迷の時代に、豪族の対立抗争を超える「政治思想原理」を鮮明にしたものが推古天皇十二年（六〇四）制定の「憲法十七条」であった。前年には徳・仁・礼・信・義・智の各々に大小を副《そ》へて朝廷での「新しい席次」を示す冠位十二階も定められてゐる。この冠位の名称からも外来思想に敏感に反応した政治改革の方針が窺知《きち》されるが、儒教で説く仁・義・礼・智・信の五常のままとはなってゐない。十七条憲法には多くの語句が礼記・論語・左伝・管子・韓非子・孝経・漢詩外伝・文選・老子・尚書・荀子・墨子・詩経・史記・孟子・漢書などの典籍から引用されてゐる（日本古典文学大系『日本書紀』下の頭注）し、根底に色濃く仏教思想が流れてゐることも諸家がすでに指摘するところである。

とくに仏教の受容をめぐる崇仏の蘇我氏と排仏の物部氏・中臣氏との対立は欽明天皇紀にも具体的に記録されてゐる。かうした対立は「巨視的には、古い祭事による政治から、儒教仏教の新しい原理による政治への転換の相克を象徴するもの」（倫理思想史の渡部正一氏の著書『日本古代中世の思想と文化』）であったが、外来の思想文化受容期は、それによって自覚させられたであらう古来の思想との統合を図りながら、自らの足元を固めるといふ実質的な「建国」の時期であり、聖徳太子の時代はまさにそれに相当する。仏教の受容の方針を明らかにした「三宝興隆の詔」（五九四）と、固有の神々の祭祀を確認した「神祇祭拝の詔」（六〇七）の並存に、思想の綜合への営みを見ることができる。聖徳太子の信仰思想の涯底を究めて数へ僅か三十一歳で早世した（昭和五年歿）篤学の士・黒上正一郎は「日本文化創業」の時代と言ってゐる（『聖徳太子の信仰思想と日本文化創業』）。

　このことは、さらに『天皇記《すめらみことのふみ》・国記《くにつふみ》』等の歴史書の編纂（推古天皇二十八年＝六二〇）――これらの史書が百年後の八世紀初めに成立した『古事記』『日本書紀』（どちらも「天皇の起源」と「建国の由来」から説き起してゐる）の有力な原史料となったであらう――、史書編纂に先立つ中華的華夷（冊封）秩序からの離脱を意味する遣隋使の派遣（推古天皇十五年＝六〇七）などによっても裏づけられる。隋の煬帝《ようだい》は「日出づる処の天子」から「日没する処の天子」に宛た「恙《つつが》なきや」といふ対等の国書の文章を見て「無礼なる者」と怒ったのであった。さらには讖緯《しんい》説に基づき神武天皇即位元年の「辛酉《しんゆう》《かのととり》」の年を算定した起算年が推古天皇九年（六〇一）の辛酉の年であったことも見落せない。法隆寺金堂の薬師如来像造立の銘文（六〇七）その他から「天皇」の尊号が使用されるやうになるのもこの時代であったと思はれる。

統一国家の理念

かうした内治外交ともに一新されつつあった時代に、外来の文献に多くの語句を藉《か》りつつ「理論の形で一定の思想を文章化した憲法十七条は、日本最初の理論的思想著作として画期的な意義を有する」（家永三郎「憲法十七条」、日本思想大系『聖徳太子集』所載）ものである。

　太子憲法が説く「統一国家の理念」とは具体的には、諸家が指摘するやうに「天皇中心の中央集権的国家体制」（渡部正一氏ほか）といふことになるが、多くの場合、まづ第三条の

「詔《みことのり》を承《うけたまは》りては必ず謹め…」の箇所を挙げる。それはいいのだが、第三条の内容は「独断をやめ、必ず衆と論ずべしと説く第十七条」と「矛盾する面」があると、十七条憲法の意義に一目おく家永氏にして解説してゐるのには少々驚いた。第三条を「専制君主主義」としてゐる（国史大辞典『十七条憲法』の項）のである。また高校「日本史B」の教科書（著作者　石井進・笹山晴生他。山川出版社）の該当箇所には前記の第三条の一節が引用されてゐて「詔《みことのり》」のところに「天皇の命令」といふ語注が付けられてゐた。両者を読み比べてみると、ここに今日的な現代風歴史観が顔を覗かせてゐるやうに感じられて、いささか憂鬱になってしまった。

といふのは、現今の教科書には、太古に連なる神祭（祀）りの意味も、神祭りに奉仕なされる天皇の本質（和辻哲郎が『日本倫理思想史』で指摘するところの「祀るとともに祀られる神」的な意味の本質）についても前段で何ら触れることなく、いきなり聖徳太子は憲法十七条によって「国家の中心としての天皇に服従することを強調した」と記されてゐたからである。さらに史料として抄出引用した条文の「詔」の文字には「天皇の命令」の語注が付けられてゐる。これでは単なる「命令と服従」の関係に留ってしまって、事の半面を述べたに過ぎなくなる。まことに不親切で不誠実な書き方であり、結果として不正確な歪《ゆが》んだ先入観を与へることにもなりかねない。

詔を「天皇の命令」として必ずしも間違ひといふわけではないが舌足らずだ。その詔とは衆議を尽すなかで奏上され、神意を仰ぎ伺ふなかで定まるものであるから、命令とするだけでは不正確であらう。せめて「天皇の仰せごと・勅命」ぐらゐにはすべきであらう。祭祀を掌《つかさど》る天皇は真理への「通路」（和辻哲郎）であって、詔は私意と恣意《しい》から距離をおいた「公の意思」である。その意思を重んじることは専制主義ではない。

「天皇中心の国家原理」とはこの公共の意思を尊重して有力豪族（私）の間の対立を克服しようとする考へのことであるから、第三条で示されてゐる理念の趣旨は、古今東西、どこの国であっても通用する。確定された公の方針に拠らずに共同体を運営しようとする国家はないからである。わが国では「詔」といふ形で「公の意思」が確かめられるのである。従って、第三条の意味内容は、共に取り組む姿勢を説いて「独断専行」を戒めた他の条文と矛盾するところは全くないのである。

ちなみに「承詔必謹」の条の全文を掲げてみよう。

三に曰く、詔《みことのり》を承《うけたまは》りては必ず謹め。君をば則ち天とし、臣をば則ち地とす。天覆《おほ》ひ地載せて、四時順行し、万気通ふことを得。地天を覆はむと欲するときは、則ち壊《やぶ》るることを致さむのみ。是を以て君言《のたま》ふときは臣承る。上行へば下靡《なび》く。故に詔を承りては必ず謹め。謹まずんば自ら敗れむ。

太子憲法の場合、ことに強く感じるのだが、ひとつの条文を初めから終りまで省略せずに読み通して、条文の字義に則して意味を理解しようと努めることが大切なのである。

計り知れない後世への影響

太子信仰の広まりの中で

太子憲法が後世に及ぼした影響には計り知れないものがあった。「つまみ喰ひ」的とはいへ、千年後の十七世紀の初め（江戸時代初期）の「武家諸法度」の中にまで、その一節が引用されてゐる。

憲法十七条の制定から二百年後に成立した『弘仁格式《こうにんきゃくしき》』（弘仁十一年＝八二〇頃）の序には「推古天皇十二年、上宮太子親《みづか》ら憲法十七箇条を作りたまふ。国家の制法、茲《ここ》より始まる」云々と記されてゐる。律令体制の確立を意味する大宝律令（大宝元年＝七〇一）以降の詔や官符などを纂《あつ》めた法令集が『弘仁格式』であるが、既に早い時期に十七条憲法を国法の初めとする捉へ方が存在したことを物語ってゐる。法令注釈集ともいふべき『令集解《りょうのしゅうげ》』（貞観年間＝九世紀後半成立）にも、律（刑罰の規定）と令（行政法や民法に相当）の別を解説する中で「上宮太子並びに近江朝廷、唯令を制して律を制せず」（巻一「官位令」）とあって、十七条憲法と天智天皇七年（六六八）制定の近江令に言及してゐる。

法制の最初としてだけでなく、聖徳太子の薨去（推古天皇三十年＝六二二）直後から芽生える「太子信仰」の広まりと深まりの中で、十七条憲法は一層知れわたって行った。植木直一郎著『御成敗式目の研究』や金治勇著『聖徳太子信仰』などによれば、平安後期から鎌倉、室町、江戸へとつながる武家勢力の伸長の時代にあっても、憲法十七条への関心が高まってゐたことを窺ひ知ることができる。

康治二年（一一四三）一月、聖徳太子縁《ゆか》りの四天王寺に参詣した藤原頼長は、他日もし摂政関白となった折には「願はくば十七条憲法に任《まか》せて之を行はん」云々と祈請してゐる（『台記』）し、鎌倉幕府三代将軍源実朝は承元四年（一二一〇）一月、大江広元を通して法隆寺から憲法十七条その他を入手してゐる（『吾妻鏡』）。鎌倉中期（十三世紀）の成立と目される『平家物語』では「院の遷幸」を決意した父清盛入道を諌める長男重盛の言上の中に、「聖徳太子十七ヶ条の御憲法」が出て来て、第十条の一節が引用されてゐる（巻第二「教訓状」）。

かうした背後には当然に「太子信仰」の盛行があったはずで、弘長二年（一二六二）歿の親鸞による「皇太子聖徳奉讃」（「和国の教主聖徳皇　広大恩徳謝しがたし」云々）の和讃や、後嵯峨上皇の法隆寺ご参詣（弘長元年＝一二六一）、亀山天皇の四天王寺行幸（文永十一年＝一二七四）などは「太子信仰」への考察なしには理解しがたいことである。そして時代とともに聖徳太子への敬ひの思ひは各層に行きわたり、各種の太子伝・太子絵伝の板行《はんこう》、太子像の造立、太子講の催行等々と、鎌倉期以降の歴史の中で「太子信仰」はさらなる高まりと広がりを見せてゐる。

太子信仰に関連して、もうひと言述べるとすると、根本枝葉花実論で名高い吉田兼倶の『唯一神道名法要集』（文明年間＝十五世紀後半）には、「推古天皇の御宇、上宮太子密かに奏して言はく、『吾が日本は種子を生じ、震旦（シナ）は枝葉を著し、天竺（インド）は花実を開く……』…」として、自説を「かつて太子の言上したこと」として記してゐる。太子信仰の深まりを念頭に置いての一節に違ひなからう。

ついでながら、さらに一言したい。昭和五十九年十一月、「福澤諭吉」肖像の一万円札が登場して、それまでの「太子」肖像紙幣が消えたが、太子肖像紙幣は現代に於ける太子信仰の表はれと秘かに受け止めてゐた。太子肖像の最高額紙幣によって、無意識ながら、「千四百年前の偉人」を全国の津々浦々で老若男女が、「仰いでゐた」ことになるからである。

このことは大きな意味のあることで、ある種の国民的レベルでの歴史教育になってゐたと思ふ。諭吉紙幣の登場で、高々「百数十年前の偉人」に最高額紙幣の肖像が置き換ったことで、日常的国民的なレベルでの「上代」との具体的パイプが断ち切られてしまった。福澤諭吉は広く仰がれるべき偉人であると考へるから諭吉紙幣があって良いが、聖徳太子の「古さ」と太子信仰の裾の広さは比較を絶する。太子肖像紙幣の退場で広く日本人一般の精神生活の根が浅くなるのではないか。それだけに太子肖像紙幣が消えたのは淋しいといふ個人的な感慨だけでなく、時間の経過とともに徐々に国民心理の動向に好ましからざる影響を及ぼすのではないかとの危惧を覚えてゐる（太子紙幣の退場から三十年になるが、私が抱いた危惧の念が杞憂ではなかったやうに思はれてならない）。

「有意性の作為」

鎌倉幕府三代執権の北条泰時が定めた「御成敗式目」（貞永元年＝一二三二）は武家社会の慣習を初めて成文化したものであるが、その条文が五十一ヶ条となってゐるのは十七条憲法の条文数に天・地・人の三才《さんさい》を乗じたからであった。このことは室町時代の学者・清原宣賢《のぶかた》（天文十九年＝一五五〇歿）の『貞永式目抄』以来の定説と言っていい。植木直一郎の前記の著書は、従来の式目研究家は五十一条の条文数に「有意性の作為」を認めて来たとしてゐる。

そもそも「十七」の条文の数はどこから来たのだらうか。坂本太郎著『聖徳太子』によると「少陽の数七と老陰の数十」などの陰陽《おんよう》思想に由来するとの説と、「仏国建立の因とされる菩薩の心性」を聖徳太子自ら『維摩経義疏《ゆいまきょうぎしょ》』仏国品の中で「十七事あり」とされてゐるところに求める姉崎正治の説とがあって、後者に従ひたいとしてゐる。陰陽思想に基づくといふのはいかにも形式的であって、人間性を凝視し仏教思想に深く思ひを潜ませた太子が『維摩経』から「十七」の数に関心を抱かれたといふ方が説得力があるやうに思はれる。

十七条憲法を意識したであらう「有意性の作為」はさらに続く。

足利尊氏が政治方針の要綱を定めた「建武式目十七条」（延元元年＝一三三六）、「朝倉孝景条々」の名でも知られる戦国家法のひとつである「朝倉敏景十七箇条」（文明十三年＝一四八一）、江戸幕府の対朝廷・公家策を盛り込んだ「禁中方御条目十七箇条」（禁中並公家諸法度、元和元年＝一六一五）。

右のうち建武式目の第十三条には十七条憲法の第四条（「礼を以て本と為よ」）と類似した文言が見られるし、三好長春の戦国家法「新加制法」（永禄三年＝一五六〇頃）には「憲法云々」と明記して太子憲法の第五条（裁判の公正と賂《まひなひ》の禁止）の一節がそのまま引用されてゐる。かうした武将（大名）たちの発したお触れの文案を練った者は多くの場合僧侶であったはずで、その知識の中に十七条憲法があったといふことである。さらに豊臣秀吉の遺子秀頼が清原氏の流れを汲む明経《みやうぎやう》博士の舟橋秀賢から憲法十七条の講義を受けてゐるともいふ。

このやうにかなり形式的にはなってゐたにしても、後に述べる「武家諸法度」（慶長二十年＝一六一五）も含めて、十七条憲法に関する知識がその制定から千年を経過して、いよいよ広く浸透してゐたことが確かめられる。ただし、それらは現実的、実際的な一罰百戒的な必要性からくる文言拝借に留まる面が多いわけではあるが。

憲法十七条と神祇

「十七条の中、神を崇め祭りを敬ふの条なし。神を蔑《ないがしろ》にするの胸臆《きようおく》見るべし」とは、江戸中期の国学者谷川士清《ことすが》による『日本書紀通證』（寛延元年＝一七四八）の中の太子憲法批判の一節である。士清は初めて『日本書紀』全巻通釈をなし遂げた博識の大学者であった。梅原猛氏が「徳川時代は聖徳太子にとって、はなはだ苛酷な時代であった」（『聖徳太子Ⅱ』）と記してゐるやうに、林羅山・荻生徂徠らの儒学者や平田篤胤らの国学者は崇峻天皇弑逆を「見逃した」こと（「首悪」主犯であったといふ者もゐた）や、仏教を受容したことなどで太子を批判してゐる。もちろん「多くの僧侶や学者が弁護の筆をとった」（同前）わけだし、室町期に発する太子流神道の教典として編まれた『旧事本紀大成経《くじほんぎ》』三十一巻（寛文十年＝一六七〇）や、十七条憲法の他にも太子制定の憲法が四つあったとする『聖徳太子五憲法』（延宝三年＝一六七五）が著はされるなど「太子信仰」は江戸時代に入っても衰へることなく庶民レベルではさらに深まりを見せてゐた。しかし、十七条憲法に神祇なしとの批判は根強く、明治に入っても飯田武郷は「神祇の事は、憲法中聊《いささ》かも書《しる》し玉はず、いかにも嘆かはしき事なり」と『日本書紀通釈』（明治三十二年成稿）に記してゐる。

かうした批判を目にする度に、『万葉集』（天平宝字三年＝七五九までの歌を四千五百余首を収載）に於ける桜と梅の関係を思ひ起す。そこには在来種の桜を詠んだ歌（四十首）に対して外来の梅を題材にした歌（百十八首）が三倍ほど載せられてゐる。だからと言って当時、より深く梅に馴染んでゐたわけではなかった。古来の桜は当り前のことであったから、「彼らは外来のこの美しい花の木を庭園に植ゑ」「新時代の異国趣味を謳歌」する中で梅を多く詠んだ旨の解説（橋本達雄著『万葉集の作品と歌風』）には、なるほどと納得させられ、翻って十七条憲法制定時の「神祇と仏教」の関連を考へる際にも参考になるのではないかと思ったのである。

坂本太郎著『聖徳太子』には、前記の谷川士清による十七条憲法批判を引用した後で、太子は熱心な仏教信者で仏国浄土を実現しようとしたから固有の神祭りに言及する余裕もなく必要もない、と見たのであらうが、神祭りは朝廷でも民間でも行はれ太子自らも行ったに違ひない云々と記されてゐる。憲法には記載がなくても「神祇祭拝の詔」が出されてゐる。

武家諸法度にも出てくる太子憲法

「武家諸法度」に於ける十七条憲法のつまみ喰ひ的引用について少し述べてみたい。このことは太子憲法の協力和合の精神が明治維新の際の「五箇条の御誓文」に繋ってゐるとの含蓄がある指摘（花山信勝著『聖徳太子と憲法十七条』）を精神史的にもはっきりさせることになるからである。

かつて十三条から成る武家諸法度を読んだ折、それは大坂の陣の後の元和偃武《げんなえんぶ》（慶長二十年七月改元して元和元年。偃武とは武器をおさめて使はないこと）の現状を維持しようとした江戸幕府が大名の義務を明文化したものだが、その中に三箇所ほど十七条憲法から語句が引用されてゐるのを目にして何とも複雑な気持ちになったものだった。太子憲法の命脈の長さが確かめられたことは嬉しくもあったが、忽ち不快になったのである。本来の趣旨とはお構ひなしに一節が引かれてゐたからである。とくに左記の「七」の文面には驚いてしまった。

七、隣国ニ於テ新儀ヲ企テ、徒党ヲ結ブ者之《これ》有ラバ、早《すみやか》ニ言上致スベキ事。
人皆党《たむら》有リ。亦達者《さとれるもの》少シ。是ヲ以テ或ハ君父ニ順《まつろ》ハズ、乍《たちま》チ隣里ニ違フ。旧制ヲ守ラズシテ、何ゾ新儀ヲ企テン乎。

ここでは戦乱の収束した状態の持続のために大名同士の結盟禁止が定められてゐる。一国一城令が布かれるなど、いかにして戦国の弊風への逆行の芽を摘むか、元和偃武体制を固めるかに腐心した当時の事情が分らなくはない。戦国生き残りの猛者《もさ》がうようよしてゐた時代である。しかし、それを言はんがために「人皆党有り、亦達れる者少し」云々を引いて来ることもなからうにと思ったのである。その一方で武家諸法度を起草した臨済僧・金地院《こんちいん》(以心)崇伝《すうでん》ら、今日で言ふ学識経験者たちとってある意味で太子憲法が身近であったといふことになるから、やはり十七条憲法には影響力があったのだと変に納得させられもしたのである。

言はずもがなのことながら、「心の壁」を取り払って協力協心しようではないかといふのが十七条憲法の精神であったが、それとは逆に幕藩体制下では徳川将軍家との親疎によって諸大名は親藩、譜代、外様に分けられ、その間の「壁」を高くしようとしてゐた。幕威をちらつかせながら天下太平の維持確立を念頭においた実務的規定が武家諸法度で、場合によっては改易その他の厳しい処分を用意してゐた。十七条憲法制定の七世紀とは時代背景がまるで違ふから、もとより両者を同次元で対比するのは無理であることを承知の上で、そこにこだはってしまふのは「つまみ喰ひ」に異を唱へたいからである。

「できるだけ協力しよう」といふことを説かんとして「党」の存在が指摘されてゐるのに、

武家諸法度では「協力してはいけない」といふことを言はんとして「党」の文字が引用されてゐる。「党」（党派心）を好ましからざるものと見て、そこに世の波乱の因があるとしてゐる点では似通ってゐるが、その先に全体の協力「和の世界」を目指さうとしてゐるのに対して、それは「徒党を結ぶ」ことであると戒め、さらにさうした動きが隣接の大名に見えたら直ちに告げよと「密告」まで奨励してゐる。これでは相互の不信を醸成してゐるやうなものだから、大名間の「心の壁」は堅く高くなるわけである。

かうまでして戦国乱世の終焉を現実化、法制化しようとした幕府為政者の軍事行政的手腕は時代的には妥当性があったと思はれるものの、そこに「人皆党有り…」といふ読む者をしてハッとさせるやうな光り輝く一節が引かれたのは、十七条憲法の与《あづか》り知らないこととはいへ不幸なことであった（武家諸法度は将軍の代替りごとに新たに諸大名に頒つ建て前になってゐて何度か文面が改訂されてゐる。「人皆党有り」云々の一節が引用されてゐるのは最初の時のもののみ。しかし「企二新規一結二徒党一成二誓約一」の禁止を命じる点は幕末まで変ってゐない）。

今日まで続く十七条憲法の命脈

画期的な御誓文の内容

党派心（私）を乗り超え協力協心の「和の世界」を目指す太子憲法の精神は、江戸期のつまみ喰ひ的引用の時代を潜り抜けて、明治維新の際の「五箇条の御誓文」の中に甦ってゐる。

皆で力を合せ心をひとつにして国家を支へて行かうとする前向きの姿勢に於いて、両者は通底してゐる。以前から、五箇条の御誓文と十七条憲法は深いところで繋がってゐるのでは…と感じてゐたが、花山信勝著『聖徳太子と憲法十七条』（百三十余頁で大部の本ではないが）を読んでゐて、「明治天皇の『五ヶ条の御誓文』の精神は、やはり、聖徳太子の『憲法』の御精神からきております」との一節を目にした時、自分の印象が見当はずれではなかったのだと安堵の念を覚えたのである。花山氏は『聖徳太子御製法華義疏の研究』など、太子の仏典注釈書「三経義疏」の研究で名高い仏教学者（東大名誉教授）で、所謂東京裁判では巣鴨拘置所で教誨師を務めた浄土真宗の僧侶でもあった（平成七年歿）。

五箇条の御誓文

一　広ク会議ヲ興シ万機公論ニ決スベシ。
一　上下《しやうか》心ヲ一ニシテ盛《さかん》ニ経綸ヲ行フベシ。
一　官武一途庶民ニ至ル迄各《おのおの》其《その》志ヲ遂ゲ、人心ヲシテ倦《う》マザラシメンコトヲ要ス。
一　旧来ノ陋習《ろうしふ》ヲ破リ、天地ノ公道ニ基《もとづ》クベシ。
一　知識ヲ世界ニ求メ、大《おほい》ニ皇基ヲ振起スベシ。

我国未曾有ノ変革ヲ為サントシ、朕躬《み》ヲ以テ衆ニ先ンジ、天地神明ニ誓ヒ、大ニ斯《この》国是ヲ定メ、万民保全ノ道ヲ立ントス。衆亦《また》此旨趣ニ基キ協心努力セヨ。

国内の争乱の根を断つといふ現実的要請から、種々の壁をつくって風通しを悪くしてゐた江戸時代の政治体制（幕藩体制）が、異国船の軍事力を伴った開国要求によって立ち行かなくなったのは理の当然であった。幕藩体制とは、幕府（戦国の覇者である大大名・徳川氏とその家臣団）が二百七十余もの独自の来歴を持つ大名（藩）を武威で服属させた大名連合であったから、例へば幕威が衰へた幕末期、パリ万博（一八六七年）に「薩摩琉球国」が出品してゐて幕府が慌てたといふやうな事件が起きても不思議ではなかった。

いはば分権体制であって、一致して海外と交際するには適応し難かった。早晩、中央集権体制への移行は避けられなかったはずで、ペリーの来航から十五年にして徳川将軍（第十五代将軍徳川慶喜）は大政奉還を申し出た。征夷大将軍として政権を委ねられてゐたから返上したのである。その翌年の慶応四年（のち九月に改元して明治元年＝一八六八）三月、明治天皇が天地の神々にお誓ひになった新政の基本方針が五箇条の御誓文である。

御誓文を一読すると、長いトンネルを抜けて外に出た瞬間の、突然に視界が広がった時のやうな爽快な開放感を覚えるのは私だけではないだらう。「万機公論ニ決スベシ」「上下心ヲ一ニシテ」「官武一途庶民ニ至ル迄」「天地ノ公道ニ基クベシ」「知識ヲ世界ニ求メ」云々の各条文のどこを取っても簡潔で何ら跼蹐《きょくせき》するやうなところがない。統一国家を内から支へる国民的な精神とはかくなるものを言ふのかと思はれて来る。その意味では普遍的であり、国境をも越える。

第一条が「広ク会議ヲ興シ…」に落ち着く前は「列侯会議ヲ興シ…」となってゐた。親藩、譜代、外様の幕府時代からの垣根を取り除いた挙国的体制（公議公論の尊重）を目指してゐたことが分る。この箇所を現在のやうな議会のことではないなどとマイナスに評価する向きがあるが、藩が存続してゐる中で列侯会議（諸大名会議）に言及してゐた開明性を見落すべきではないだらう。版籍奉還、廃藩置県は後年のこと。過ぎ去ってみれば当り前のことのやうに思はれるが、当時に於いて「列侯会議」を念頭におくことは画期的なことだったのである。

それはペリー来航から十五年間の生みの苦しみを経て、浮上し確認された「統一国家の理念」でもあった。さらに天皇御自ら天地神明に誓はれたことの意味は頗る深いものがある。それによってその内容は「公の意思」として確定されたといふことになるからである。ご神前で議定・三条実美が祭文を奏上して、この御誓文を奉読した後、奉答書に署名した親王、公卿、諸侯の数は七百六十七名に及んだ（『国史大辞典』）といふのも宜《むべ》なるかなである。

五箇条の御誓文と太子憲法との脈絡

徳川将軍家に国内秩序の維持確立を果すといふ「公」的な側面がないわけではなかった。しかし、最強最大の覇者たる大大名としての「御家」第一の意識から武威にかざした面も強く、国内の壁を取り払った後の国民ひとしく仰ぎ見る協力協心の中心にはなり難かった。それ故に政権を返上して引き退がることになったのは、十七条憲法が説いてゐた「統一国家の理念」

が生き続けてゐたからである。「天皇を中心とする中央集権的な国家理念」である。この時、聖徳太子の時代から百年後に形が整った律令体制（大宝律令の制定、大宝元年＝七〇一）が想起されたはずである（「中央集権」の語は今日では中央省庁の官僚が幅を利かす好ましからざる政治体制を指す場合が多いが、蛇足ながらここではそれとは次元を異にする「一君万民」的な統一国家を意味する）。

　黒船の来航によって「統一国家の理念」が現実味を伴って浮上するについては、当然に長い前史があった。国土の生成と天皇の起源から説き起す『日本書紀』（養老四年＝七二〇成立）の講読はその成立直後の奈良時代から始まってゐて、神代紀を中心とする国柄の研究はいつの時代でも絶えることがなかった。『万葉集』もあれば『古今和歌集』に始まる二十一代集もある。『大鏡』以下の歴史物語もある。高野山を開いた空海（弘法大師、承和二年（八三五）歿）によって始められたとされ、その後広まる密教系寺院での「玉体安穏《ぎょくたいあんのん》」の祈りもある。「天朝」を仰ぎ尊ぶことを前提とするものばかりである。江戸時代は幕府が戦国の弊風を嫌って尚書好学的な士風を奨励したことから、儒学（朱子学・古学）はもとより諸学問が展開し、さらに太平が永く続いたことで町人や農民層にまで学問を愛好する気風が広まった。さうしたことから幕藩体制を超えたわが国の「国柄」への認識はより一層広く深まったのである。「水戸学」や「国学」などに見られる学問的関心は、自づと「あるべき国の姿」に関する共通認識を国内に広めることとなってゐた。

　例へば今日では形式主義の代名詞にもなりかねない「古今伝授」なども留意されていいし、

北畠親房の『職原抄』（官職の沿革を記したもので、十四世紀半ば成立）などの有職故実の研究や「平曲」「太平記読み」の流行なども見落せない。「赤穂義士の討ち入り」「忠臣蔵」も勅使の応接に落度があってはならないとの考へを前提としてゐる。また「征夷大将軍」の下にあった諸大名は「武蔵守」「上野介」「左京太夫」といった官職の名乗りを誉《ほま》れとしてゐた（国中の村々では、律令制下で諸国から上洛して皇居守護に任じた衛士《えじ》に由来する「清右衛門」「七兵衛」といった家名が自称されてゐた）。幕末期に政局的な対立はあっても、国の中心に天皇を仰ぐといふ国家原理には些《いささ》かの迷ひもなかった。そして、将軍家との親疎による分け隔てを当然とした幕藩体制は、戦国争乱の根を断つといふ使命を十分に果して、自ら退場したのである（大政奉還）。

大政奉還を受けて発せられた「王政復古の大号令」に、「…諸事神武創業ノ始《はじめ》ニ原《もとづ》キ、縉紳《しんしん》（公卿）、武弁《ぶべん》（武家）、堂上《とうしょう》（殿上人）、地下《ぢげ》（一般の人）ノ別ナク、至当ノ公議ヲ竭《つく》シ、天下ト休戚《きゅうせき》（喜びと悲しみ）ヲ同ジク遊サルベキ叡慮（天皇のお考へ）ニ付キ…」とあった。ここで既に歴史を回顧する中で「統一国家の理念」が説かれてゐた。その点を御誓文は一層明確にしてゐる。

かれこれ考へて来ると、五箇条の御誓文は「天皇を中心に仰ぐ中央集権的な国民国家」の誕生を物語るものとして精神史の上に位置づけられるだらう。「上下心ヲ一ニシテ」「官武一途庶民ニ至ル迄」としてゐるところに国民国家を指向する近代性を読み取ることができる。開国和親の新時代の統一国家のあり方が伝統に則して確認されたのである。天皇が自ら「衆ニ先ンジ、天地神明（天地の神々）ニ」五箇条の国是を誓はれた御誓文は天皇の「衆亦此旨趣ニ基キ協心努力セヨ」との国民への呼び掛けで終ってゐる。憲法十七条に示されてゐる「以和為貴」「承詔必謹」「以礼為本」「信是義本」「背私向公」「上下和諧」「必与衆宜論」等々の延長線上に、五箇条の御誓文の内容があるとするのは決して論理の飛躍ではないのである。維新後、藩閥政治を「有司専制」と批判した民撰議院の設立建白書は「…唯天《ただ》下ノ公議ヲ張ルニ在ル」のみと、御誓文の精神に拠るべし（明治七年）としてゐたのであった。

そして、御誓文の第三条に「各其志ヲ遂ゲ、人心ヲシテ倦マザラシメンコトヲ要ス」の一節を謳ふことによって、五箇条の御誓文の価値はさらに時代的限界を超えることにもなった。なぜなら「とかく緩みがちで倦怠感に襲はれて怠惰になりがちな人間の心」に清新の気を吹き込むといふ永遠の課題に挑戦しようとしてゐるからである。それは前向きに油断することなく不断に努める精神世界であって、その意味でも太子憲法との思想的脈絡を確かめ得るのである。

さすれば、昭和二十一年（一九四六）元旦の「新日本建設ニ関スル詔書」の冒頭に、昭和天皇のご意向で五箇条の御誓文が掲げられ「叡旨公明正大、亦何ヲカ加ヘン」と記されてゐる事実は、今日もっともっと留意されなければならないと考へる。

現代に生き続ける憲法十七条。その精神を活かすためのさらなる努力がわれわれ国民に課せられてゐるやうに思はれてならないのである。

第三章　文化ギャップとしての「靖国問題」

——彼を知らず己を知らざれば戦ふ毎に必ず殆し——

初詣で賑ふ靖国神社（平成二十六年正月）
（『靖国』第七〇三号）

第一萬八千五百四十五號

無名戰士よ眠れ

小川特派員撮影

敵の戦歿兵士を弔ふ日本兵
（昭和 12 年 12 月 24 日付朝日新聞）

はじめに――「A級戦犯」ではなく昭和殉難者――

平成十三年四月の自由民主党総裁選の際、「八月十五日には靖国神社に参拝する」と幾度となく明言してきた小泉純一郎首相ではあったが、福田康夫官房長官ににによれば「参拝の前倒し」で「八月十三日」に昇殿し拝礼した。この折に浮上したのは政府首脳と与党三党（自民党・公明党・保守新党）幹部がこぞって、首相に方針の変更を迫ったといふ異様な光景である。それは国家存立の根幹にかかはる自国の戦歿者への慰霊の行為が、国外からの「横槍」に配慮すべきだとする側近達によって、首相の確言にもかかはらず変更させられたといふ異常なる国の姿であった。

固有の祭祀の場で固有の方式を以って戦歿者の霊を追悼することは世界のどこに行っても通用するそれこそ「人類普遍の原理」ではないのか。ここに国外からの影が及ぶやうでは独立国とは言へない。

いつから首相の靖国神社参拝で近隣諸国（といっても中韓両国だが）との間で波風が立つやうになったのだらうか。靖国神社（明治二年創建）には百四十余年の歴史があるが、戦後においても総理の参拝はほぼ慣例化してゐて、昭和五十年代後半の鈴木善幸首相までは、歴代首相が春（四月）秋（十月）の例大祭に（昭和五十年からは八月十五日にも）参拝しても国外からの干渉めいたことはなかった。周知のやうに次の中曽根康弘首相が昭和六十年八月十五日に「公式参拝」した時から雲行きが怪しくなったのである。昭和五十七年十一月の総理就任以来、春秋の例大祭を初め「新年」と「八月十五日」にも繰返し参拝（計十回）を続けてゐた中曽根首相が、その年の秋の例大祭から参拝を手控へてしまったからである。

首相や閣僚の参拝は「公式」であるべきだとして、わざわざ設けた諮問機関の答申を踏まへての中曽根首相の「公式参拝」ではあったが、「A級戦犯をまつる靖国神社に日本内閣構成員が公式参拝して、中国人民の気持ちを深く傷つけた」旨の中国外務省声明などの国外からの批判に腰が退《ひ》けてしまったのだ。まさに龍頭蛇尾を地で行くやうなお粗末な顛末であった。これについて後日、中曽根氏自身が語るには「（改革政策を進める）胡耀邦さんと私とは非常に仲が良かった」「私が参拝すると（中国共産党の保守派が狙ふ）胡耀邦総書記追い落しの原因をつくったようなことになるかもしれない」から取り止めにした（『正論』平成十三年八月号）とのことだったが、中曽根首相の退陣よりも前に胡総書紀は失脚した。奇妙な配慮をしたものである。これ以後、総理の靖国神社参拝に嘴《くちばし》を入れるやうになった。マス・メディアのほとんどは「A級戦犯合祀」を難詰する中韓の言ひ分に理があると言はんばかりの報道に終始し、結果としてその拡声器の役割を担ってゐたから、中曽根氏の弱腰だけを責めるのは酷のやうな気がしなくもない。朝日新聞の北京特派員などはどう火を点けようかと苦心の報道をしてゐた。

中曽根首相の参拝から十六年ぶりの平成十三年八月の小泉首相の参拝に対しても予想され

たやうに「A級戦犯の位牌を供養する靖国神社に参拝した」（中国外務省、王毅次官。注・靖国神社には御祭神名を記した霊璽簿《れいじぼ》はあるが位牌はない）、「軍国主義戦争の罪人に対して礼拝した」（全国人民代表大会外事委員会声明）とか、「靖国神社には戦犯が合祀されており……否定的な影響に憂慮している」（韓国外交通商省、崔成泓次官）とかといふ非難の声が各紙で報じられた。

極東国際軍事裁判（所謂「東京裁判」）による「A級戦犯」が罪刑法定主義といふ文明社会の公理に悖る事後法によるものであることは多言を要しない。わが国の指導者を裁いたとする東京裁判ではあったが、その根拠とされた「極東国際軍事裁判所条例」とは、厳密な意味での「法」ではなく米国統合参謀本部の命令を受けた連合国軍最高司令部（GHQ）のマッカーサー司令官が制定した「占領軍の行政命令」であった。米国最高裁のダグラス判事らは「東京裁判は司法的な法廷ではなかった。政治権力の道具に過ぎなかった」と批判してゐる（佐藤和男監修『世界がさばく東京裁判』ほか）。

従って、「B級戦犯」「C級戦犯」を含めて、昭和二十七年（一九五二）四月二十八日の講和条約発効前の被占領期、国際法的には戦争状態が継続してゐた時期の軍事裁判によって「刑死した者」「未決拘留中に死亡した者」（合計、千六十八人）は、独立回復（主権回復）後の法律改正によって法務死と認定され、その遺家族には戦歿者と同様に弔慰金と遺族年金が支給されてゐる。かうした国会での議決を踏まへて、後日、靖国神社に「昭和殉難者」として合祀されたのである。刑死・獄死した「罪人」だったとしたら、その遺家族に弔慰金や年金が支給されるはずがないではないか。

マス・メディアは現在に至るも「A級戦犯」なる語句を括弧でくくることもなく当然のことのやうに使用してゐる。これは直ちにやめるべきであらう。ある種のサブリミナル効果を若い日本人に及ぼしかねない。そもそも「A級戦犯」とは当時の国際政治の力関係が生み出した政治概念であって、注釈なしの「戦犯」なる語句の垂れ流し的報道は国会における法律改正の趣旨を踏みにじるものであり国会の権威を貶める行為に他ならない。ちなみに、昭和二十八年八月の「戦傷病者戦没者遺族等援護法」の改正は全会一致で可決されてゐる。

蛇足ながら、今日、「A級戦犯」といふと極悪人の代名詞のやうなニュアンスで語られることが多いが、「A級戦犯」「B級戦犯」「C級戦犯」とは、大まかに言って、戦時中の役割による分類であって、ことさらに「A級」が悪質だと言った意味合ひはなかった。極東軍事裁判所条例第五条で、大略（イ）「平和に対する罪」を問はれた政治・軍事の指導者、（ロ）「通例の戦争犯罪」を問はれた部隊を指揮命令する立場にあった者、（ハ）「通例の戦争犯罪」を実行した一般の兵士の三者に分けられたが、裁判所条例の英文がそれぞれ（a）（b）（c）となってゐる所から、「A級戦犯」、「B級戦犯」、「C級戦犯」と呼ぶやうになったらしい。そして独特の意味合ひが加へられるやうになった。もともと「平和に対する罪」なる罪名はなかったのだから、「A級戦犯」なる言葉の一人歩きは考へものである（ちなみに「B級戦犯」「C級戦犯」の軍事裁判は横浜やマニラなど四十数ヶ所で開かれ、九百三十七人が処刑された）。

「靖国」は二重の意味で国内問題だ

ここでは靖国神社参拝に対する近隣諸国の対日非難について直接的に論評するつもりはない。他国の戦歿者の慰霊のあり方に嘴《くちばし》をさしはさむことが内政干渉に当ることぐらゐは、当の中韓当局者が承知してゐないはずがないからである。だからかつては何も言はなかった。「A級戦犯刑死者」七人らが靖国神社に合祀された昭和五十三年十月以降、中曽根参拝まで二十一回、歴代の総理が参拝してゐたが、中韓は何も言はなかった。だがひとたびたぢろぎ付け入る隙を見せると、容赦なく入り込んで来る。それが国際社会の現実だといふことを確認するにとどめる。

「A級戦犯」云々は内政干渉を糊塗するための目眩《くら》ましなのである。

三十年前には（昭和五十九年までは）外交上、何らの問題にもならなかったことが、靖国神社自体は何ら変ってゐないのに、現在ではさも重大なる懸案であるかのやうになってゐる。そして懸案の原因は日本側にありと一方的に主張されてゐる（歴史教科書をめぐっても全く同様である）。彼らが「日本」を叩かうと機会を窺ふのはある意味で当り前のことであって、それに乗ぜられたわが方に甘さと落度があったといふ他はない。彼らのやうには闇雲に自己の主張を貫けない体質がわが方にあるのではないのか。そのことを考へてみたいのである。

況んやジャーナリズムや論壇、政界、教育界などに少なからぬ意図的な内通者もどき「反日勢力」を抱へるに及んでは、せめて国家のあり方の根幹に関しては足並を揃へるべきだなどとは言ふは易く行ふに難いことであって、想像しただけでもいささか憂鬱になる。一部メディアの報道は明らかに度を越して、中韓に甘い。日本側が歩み寄れば上手く行くといった論調を繰り返してゐる。その意味でも靖国神社参拝問題や歴史教科書問題（発端は昭和五十七年六月のマス・メディアの一斉誤報だった。誤報を読者にきちんとお詫びしたのは筆者の知るところ産経新聞のみ）は明らかに国内問題なのである。外交の俎上に本来、乗るはずのない「歴史認識」なるものが自らの「甘い」錯誤によって懸案化してゐるのだから。

平成十三年夏の小泉参拝の際、それに先立って、中曽根参拝から十六年ぶりの八月の総理参拝になるといふことから、自民党内で特使派遣が検討されたと報じられてゐた。「小泉首相の真意を説明し、理解を求めようとの考えによるものだ」（同年八月十二日付産経）といふ。わが方の立場や考へ方を明確に伝へることは如何なる折にも必要なことだが、「理解を得る」ことは期待しない方がいい。日本がまともな国になって欲しくないのだから、対日外交戦略から見ても「理解を示す」ことはあり得ない。さらに現実的な外交課題であるかに見えるこの問題の基底には、そんな次元では到底、語り尽せない彼我の間の文化摩擦といふか大きな文化ギャップが横たはってゐるのである。文化の懸隔が外交折衝で埋められるはずがない。国家関係を律するものは国交開始を取り決めた条約（日韓基本条約、日中共同声明・日中平和友好条約）であって、歴史認識の一致などではない。

むしろこの際は軽々に理解を求めて動くのではなく、彼我の間に横たはる文化の違ひを明確に認識し直すことが大切である。その意味で「それ（靖国神社参拝と歴史教科書の問題）に対しては誠実な受け答えをしたい。誠意を持って話せば、お互い東洋人なのでわかってくれると思う」（訪韓訪中直前のインタビューに対する山崎拓自民党幹事長の返答。同年七月七日付産経）といふやうな日本人的感覚では益するものは何もない。

「同じ東洋人だから」とか「同文同種」なる語句もあるが、かうしたセンスはこの場合には日本人的独善といふ他はなく、全く役立たない。相互の差違についての認識を深めることの方が、結局は相互尊重の関係を半歩でも進めることになるのではなからうか。

そこで「日本文化論」の視点から彼我の文化の相違について、その一端なりと触れてみたい。あれほど強く八月十五日に参拝すると断言してゐた小泉首相の参拝が「八月十三日」に変更になったのも、中曽根首相が「公式参拝」に拘《こだは》ってゐながら参拝そのものを手控へたのも、政治判断には違ひなからうが、さうした判断それ自体が極めて日本的な行為のあらはれと思はれるからである。迎合的に見える「反日勢力」の存在も、日本的な文化現象の一つとして説き明かす糸口が見つかるかも知れない。

「死しては善悪の彼方に…」「死してあらば墓を暴き骨を焼く」

興亜観音

支那事変は友隣相撃ちて莫大の生命を喪滅す……亡ふ所の生霊算なし洵《まこと》に痛惜の至りに堪へず　茲《ここ》に此等の霊を弔ふ為に彼我の戦血に染みたる江南地方各戦場の土を採り施《せ》無畏者慈眼視衆生《むいしゃじがんししゅじょう》の観音菩薩の像を建立し　此の功徳を以て永く怨親《おんしん》平等に回向《えこう》し　諸人と倶に彼の観音力を念じ　東亜の大光明を仰がん事を祈る

右は熱海市伊豆山一一三六番地に奉祀されてゐる興亜観音の縁起の一節である。願主は南京攻略戦（昭和十二年十二月）の際の中支那方面軍司令官であった松井石根《いはね》大将。この縁起には「紀元二千六百年二月」の年月が記されてゐる。即ち帰国した松井大将は日支双方の勇士の血潮に染むる上海と南京の土を取り寄せて、両方の戦歿将兵の冥福を祈るべく、昭和十五年二月、陶器製の観音像を建立奉安したのである。伊豆山には大将の家があった。後に占領軍によって逮捕されるまで朝夕に読経を欠かさなかったといふ。その後、建立から七十年余りの間、伊丹忍礼師、妙真尼、そして妙徳尼、妙洸尼、妙浄尼の親娘二代の御奉仕によって大将の願行は受継がれ法灯は今日に及んでゐる。

松井大将といへば昭和殉難者の一人で、南京戦の折に指揮官の立場にあったといふことから、東京裁判で所謂「南京事件」の責任を問はれ落命したことで知られる。ここで留意したいのは「友隣相撃」の結果、双方で多数の生命が喪はれたことを痛惜し「永く怨親平等に回向」するために観音菩薩を建立したと記してゐることである。

望月仏教大辞典で「怨親平等」の項を引くと「怨敵と近親とを平等に同視するの意」とある。続けて「仏法は大慈悲を以て本とすれば、怨敵も悪《にく》むべきに非ず、近親も著すべきに非ず、所謂一視同仁にして平等に之を愛隣するの心に住すべきを云ふ」とある。

帰還した軍司令官が、戦闘を振り返って彼我の将兵の霊を弔ふべく合掌してゐるのである。

惻隠の心

新渡戸稲造の『武士道』に次のやうな一節がある。「弱者、劣者、敗者に対する仁は特に武士に適しき徳として賞讃せられた」（第五章「仁・惻隠《そくいん》の心」）と。山鹿流の軍学師範でもあった吉田松陰の「士規七則」に「士の道は義より大なるはなし、義は勇に因りて行はれ、勇は義に因りて長ず」とあるやうに、武人であるからには強くあらねばならないが武威に頼るだけであってはならないといふのが武士道である。平生から刀剣を帯びてゐる武士に「仁」「義」「礼」その他もろもろの節義が要求されたのは至極当然のことであった。詩歌を含め文武を兼備すること、それを尚武の精神として来たのである。

さらに新渡戸は平敦盛と熊谷直実の故事（須磨の浦の戦ひ）に触れたあと「窮鳥懐《ふところ》に入る

時は、猟夫も之を殺さず」といふ格言を挙げて、「特に基督教的であると考へられた赤十字運動が、あんなに容易く我が国民の間に堅き地歩を占めたる理由の説明は、概ね此の辺に存するのである」云々と記してゐる。

わが国が赤十字条約に加入したのは明治十九年のことであった。その日本赤十字社の母体となったのは西南の役（明治十年）の際に、旧佐賀藩士の佐野常民らが両軍の傷病者の治療にあたるために創設した博愛社であった。

敵味方供養碑

建長六年（一二五四）に編まれた『古今著聞集』巻第九武勇篇の初めに「武は暴を禁《いま》しめ兵を戢《をさ》め大を保ち功を定め民を安んじ衆を和《なごやか》にし財を豊かにす、是れ武の七徳なり」とある。かうした記述は、あるべき武士像が単に敵を斃すことだけではなくなってゐることを示唆してゐる。同じく同書が前九年の役（康平五年〈一〇六二〉鎮定）の折の源義家が安倍貞任《あべのさだとう》を追撃した際の衣川での逸話を載せてゐるところにも、「武士の道徳観念の発達があるとするべきである」と説いたのは西田直二郎博士であった（『日本文化史序説』）。

逃げる貞任に対して「引きかへせ、言ふことがある」と義家は呼びかけ、振り返った貞任に向って「衣のたては　ほころびにけり」と詠んだ。貞任は馬を停め「年を経し　糸のみだれの　苦しさに」と応じたといふ逸話である。貞任の返しに感じて義家はつがへた矢を外し、この時は貞任を追はずに引き返したといふのである。かうした話を後日、収めて「さばかりのた丶かひの中に、やさしかりける事哉」と『古今著聞集』が評してゐるところに、十三世紀の鎌倉時代に既に武士たる者は武威一辺倒であってはならないといふ観念が広がってゐたことを物語ってゐる。

大阪府で唯一の村である南河内郡千坂赤阪村にある「寄手《よせて》塚・身方塚」は、楠木正成が元弘三年・正慶二年（一三三三）の赤坂千早の戦の後、建立したもので、寄手塚は攻め寄せた北條方の死者を弔ふために建てた五輪塔である。正成は北條方を敵方とは呼ばず「寄手」としてゐたのだ。隣に建つ身方（味方）の死者の霊を祀る五輪塔の方が小さい。

かつて筆者が勤務してゐた学校の近くに、時宗総本山遊行寺《ゆぎょうじ》（清浄光寺《しょうじょうこうじ》、藤沢西富一―八―一）がある。その境内の一隅に旧《ふる》びた「怨親平等の碑」が建ってゐる。一般には敵御方（味方）供養塔と呼ばれてゐる。関東管領上杉禅秀（氏憲）が鎌倉公方、足利持氏に叛いて敗れた応永二十三年（一四一六）の禅秀の乱の際、遊行十四代の大空上人は近在の人々と共に負傷者を介護し乱後は両軍の戦死者を区別なくその霊を弔ふために供養塔を建立したのだった。持氏が異を唱へたら建碑は不可能だったはずである。敵味方を問はず供養するとの観念はひとり上人だけのものではなかったはずである。

また高野山にも奥の院に至る道筋に建てられた数々の卒塔婆に混って怨親平等の敵味方供養碑が立ってゐる。文禄慶長の役（朝鮮の役）の際、慶尚南道の泗川《しせん》での戦ひで明・朝鮮の軍勢を破った薩摩の島津義弘が、亡くなった双方の菩提を弔ふために慶長四年（一五九九）六月、建てたものである（泗川城での勝利が豊臣秀吉歿後の撤兵を容易にした）。

まだまだ例示できるはずだが、要するに松井大将が願主となって建立奉安された興亜観音は、かねて孫文や蔣介石などとも面識があって「アジア人のアジア」といふ大亜細亜主義の理想を追ひ求めてきた大将自身の悲痛なる願ひと懐《おも》ひによるものではあるが、それはまた武威一辺倒にならざる日本武士道の思想の系譜に連なる行為でもあったといふことである。

正史『隋書』孝義伝

台湾出身の評論家で近現代史に詳しい黄文雄氏（拓殖大学日本文化研究所客員教授）らの論文を読むと、日本人と中国人の死生観にはかなりの懸隔があることが分る。日本のメディアは、かうした点に余りにも無頓着だったのではなからうか。従って日本人一般も。

徹底的に敵を憎悪し、「生きてその肉を喰らい、その皮で寝る」ことを願ふのが中国人だといふ。現世において復仇《ふっきゅう》を果せなければ墓を暴《あば》き遺体をむち打つといふのだ。黄氏の論文（『正論』平成十三年八月号）を読むと、かねて他の書物等で目に触れてゐたことではあるがあらためて彼我の開きの大きさに慄然とさせられる。怨親平等の興亜観音などは、それだけを見れば日本人の偽善を物語るもので不誠実の表れとして一笑に付されるだけだらう。

詳しくは黄論文を御一読ねがひたいが、その「怨恨の息の長さ」はとても日本人には理解できまいとも説かれてゐる。史蹟破壊や陵墓破壊は『史記』を初めとする「二十五史」に夥しく記録されてゐる伝統的行為であるとして、文献とその内容のいくつかが例示されてゐる。例へば『隋書』孝義伝（六三六年成立）には、父を殺した陳の武帝を怨み、その陵墓を毀《こぼ》ちその骨を焼き、灰にして水に混ぜて飲み下した王頒の話が収められてゐる。

また鄭義著『食人宴席』は一九六六年からの文化大革命の渦中で発生した「人肉宴会」食人事件を告発したものだが、訳者（黄文雄氏）の解説によれば食人は中国文化の一部であり「文革当時の狂気から生じた偶然的現象としてとらえるだけでなく、一大社会現象として改めて注目すべきであろう」といふことになる。

復仇のために墓を暴くことを正史の孝義伝に記載する文化では「死しては善悪の彼方に……」「怨親善悪は現世のこと……」とは行かない。この世の怨恨は来世にあっても許されない。

わが国の古典にも怨に報いんとして墓に手をかける話が伝へられてゐる。和銅五年（七一二）成立の『古事記』下巻に、父王の仇に報復しようとしてその陵（雄略天皇陵）を破壊することになった意邪命《おけのみこと》（顕宗天皇の兄君）が「御陵《みはか》の傍《かたへ》」を掘っただけで「すっかり壊した」として終りにしたといふ話である。なぜそれだけで「既に掘り壊《こぼ》ちぬ」としたかといふと「悉く陵《はか》を破りなば、後の人必ず誹謗《そし》らむ」と考へたからだといふのである。怨みはあっても墓を暴くことはしなかった。それをしたら後世の人から誹《そし》られるといふのである。この報告を受けた顕宗天皇は「大《いた》く理《ことわり》なり」とお答へになったといふ。

南京大屠殺

松井石根大将は昭和十二年の「南京事件」の責任を問はれて絞首刑に処せられたのだったが、田中正明氏の『南京事件の総括』に、「漢民族が食人風俗を持つ人種であることを知ると、敵を亡すには敵兵の命を絶てばいいのに、なぜ両眼を抉《ゑぐ》り臓腑を摑み出し首や四肢を殺断し……切断した死体を鼎《かなへ》で煮る……等々のことを行ふかの謎が氷解しよう」旨の隋唐時代の法制史の権威・瀧川政次郎博士の論文が抄出引用されてゐる。要する田中氏は、日本兵による猟奇的な「生き埋め」「心臓抉り」「妊婦の腹割き」等々を見たとする南京戦に関する中国人の証言とは、中国人自身が自らの伝統的方法を語るものであって、「およそ淡白を好む日本民族のなし得るところではない」と述べてゐる。これは重要な視点であって、同書の「第七章　なぜ〝大屠殺〟か」では、彼らのいふ所謂「南京大虐殺」をあくまでも「南京大屠殺」としなければ納得できない中国側の歴史的文化的事情が史書の記述を踏まへて分析されてゐて、はなはだ興味深いものがある。

要するに他を語ってゐるつもりが、自らを語ってゐたといふことである。

ちょっと脇道に逸れるが、この件でも、朝日新聞が果して来た役割は絶大だった。昭和二十一、二年頃の東京裁判の開廷時の宣伝期間はともかく、昭和四十年代半ばに同紙に連載された本多勝一記者のルポ記事「中国の旅」が〝南京大虐殺〟を一般に広く蘇らせたと言っても過言ではないだらう。このルポ記事は書籍となって刊行された（その後朝日文庫に入ってゐる）。それに対する鈴木明氏の『「南京大虐殺」のまぼろし』などの反証する出版物も刊行された（現在はWAC BUNKOに入ってゐる）。現代史家・阿羅健一氏の『再検証 南京で本当は何が起こったのか』（平成二十年刊）によれば、わが国の教科書に南京事件が出て来るのは昭和五十年度使用のものからで、肝心の中国において、「南京」が教科書に登場するのは奥書に「一九八一年十一月」と記された中学用歴史教科書『中学歴史』からであった。即ち、昭和五十六年のものからであった。この四年後に南京大屠殺紀念館がオープンしてゐる。

戦歿支那兵之墓

名越二荒之助編『昭和の戦争記念館―歴史パノラマ写真集―』第一巻「満洲事変と支那事変」を開くと多くの写真に混って、戦地に建てられた墓標やそこでの慰霊祭の模様を撮影したものが収められてゐる。例へば掲載の写真から左記の文字を読み取ることができた。

イ、日支両軍陣歿勇士之霊
ロ、南京戦歿支那陣亡将士公墓
ハ、中国無名戦士之墓
ニ、戦歿支那兵之墓

ホ、故中国航空士駱春之墓

へ、妙法　静海附近支那軍無名戦士之塔

右のうちのロ、の墓標は「日中両国僧侶と自治委員会が共同で建立」したものだといふ。これに関する写真は三葉あって、その一枚には「第三師団長の藤田進中将は大谷光暢法主を導師として慰霊祭を執行」といふ説明文がつけられ焼香の様子が写し撮られてゐる。第三師団は松井石根大将が率ゐる中支那方面軍麾下《きか》の上海派遣軍に属してゐた。

また同書には、多くの兵士が見守る中で「中国無名戦士之墓」といふ文字を揮毫してゐる様子を伝へる写真入りの記事（昭和十二年十二月二十四日付朝日新聞）が写真版で紹介されてゐる―本章の扉裏（八二頁）を参照―。それは「無名戦士よ眠れ」といふ見出しの左記のやうに短いもの（全文）である。

抗日の世迷ひ言にのせられたとは言へ、敵兵もまた華と散つたのである。戦野に骸《むくろ》を横たへて風雨に曝された哀れな彼等、が勇士達の目には大和魂の涙が浮ぶ、無名の敵戦士達よ眠れ！白木にすべる筆の運びも彼等を思へば暫《しば》し渋る優しき心の墓標だ＝北京戦線にて＝小川特派員撮影

さらに「馮玉祥《ふうぎょくしょう》が自軍戦死者のために建てた烈士洞に進軍した日本軍は〝捧げ銃〟で敵

兵士を称えた」といふ説明付きの二枚の写真も載ってゐる。馮玉祥は西北軍閥の首領でのち国民党に入り、軍・政の要職につき反蒋介石ではあったが、抗日に終始した人物である。中支那方面軍麾下の上海派遣軍参謀副長上村利道大佐は「敵ニハアレド　亡骸《なきがら》ニ花ヲ手向ケタル　武士道ノ情ケナリ」と日記に記してゐた。

これらの墓標や慰霊祭も、興亜観音建立がさうであったやうに、日本武士道の思想の系譜の上にあるものである。いささか通俗的な朝日新聞の記事も。

敵に墓をつくられても怨みは消えない、押しつけがましい慰霊祭は偽善的独善だと彼の国の人達には受け取られるかも知れない。しかし、さうせざるを得ないのが歴史的に培はれきた日本人の道徳感情（文化感覚）だといふことである。

右の朝日新聞の記事に関連してひと言。この記事が書かれた時期は所謂「南京大虐殺事件」の真っ最中であった。「南京大虐殺」とは、昭和十二年（一九三七）十二月十三日の南京陥落で入城した日本軍が「六週間にわたって便衣兵、捕虜、住民など三十万人を殺した」といふものだが、朝日新聞掲載の「北京戦線にて＝小川特派員撮影」の記事が書かれた時期に当る。北京と南京は千二百キロ余り離れてゐるが、一方では「戦歿支那兵士達よ眠れ！」と墓標を調《ととの》へ、一方では無差別殺人を続けてゐたと言ふのだらうか。

「察し合ひの文化」の功罪

国内の専管事項である総理の靖国神社参拝へ外からの干渉に腰が退《ひ》けてしまふのは政治家の不見識によるものではあるが、一方ではそれだけでは説明し切れない要因があるやうに思はれてならない。それは日本人の伝統的な「自他の係り方」から発する文化的要因である。

村松剛氏に海外講演を収めた『察しあいの世界―日本人の何が「不可解」か―』と題する書物がある。東西文化を鳥瞰する視点から「相手に気まずい思いをさせたり、相手を傷つけたりする」ことを避けて、「その衝突をさける」といふわが国の文化の特質について大局的に述べたものだが、その要旨を摘記すると次のやうになる。

「言外の意を汲め」といひ「Je t'aime, I love you, Ich liebe dich に相当することばはない」。「ウィとノンをはっきりいわない」。「ノンというかわりに、〝そうですかね〟とか〝そうでしょうか〟とか、べつのことばをつかいます」。これは「はっきりした感情を表現することで相手を傷つけることを、おそれている」からで、「一般に日本人は、自己を語るのに積極的ではない」。「恋愛も察しあいです」。

なぜさうなったのか。それは異民族の侵入なき同質的社会では「相手の察しを期待できる」からであるとする。日本の都市は「ヨオロッパや中東やシナ、韓国などのほかの古い歴史を持つ地域に見られるような、都市全体を守る城壁はない」。「同一民族内部の戦いなら、戦争に負けても住民は奴隷にされる心配はありません」。従って城壁を必要としなかったと、村松氏は考察してゐる。

さらに次のやうに説く。ノンをはっきりと言はないのは、個人主義が未成熟だからではなく、むしろ無用の摩擦を避けようとする伝統から来てゐると。お互ひに相手の意を忖度《そんたく》し察し合ふ黙契を大前提にして物事に対処して来た旨の見方には説得力が感じられるが、どうであらうか。

松原久子氏（長らくドイツで活躍され、現在は米国在住）も、長い在外生活の体験から村松氏の指摘と似た内容を記してゐる。

「調和が崩れそうになると、日本人はほとんど無意識にそれを食い止めようとして歩み寄る。その場合、立派な理論や難しい法律ではなく、柔らかな物腰ややさしい言葉が調和を回復する決め手となる」等々、主張し合ふことを前提として譲歩が自滅につながりかねないヨーロッパに対置して、譲歩が敗北を意味しない「日本」の特質を語ってゐる（『日本の知恵　ヨーロッパの知恵』）。

一方、欧米が「原則関係社会」であるのに対して、日本は「人間関係社会」であるとしたのはイギリス生れのグレゴリー・クラーク氏（上智大学教授、のち多摩大学学長）だった。オーストラリア政府の外交官として香港代表部勤務や本省での中国担当官の経験をもあるクラーク氏は、中国や韓国は遥かに原則重視の欧米型であると説いてゐる（『ユニークな日本人』）。原則に基づく言動はどのやうな場合でも、それに拠ってなされるから何時も誰に対しても同じ対処をしようとするので、ぶれる幅は狭い。それに比べてその時々折々の「人間関係」に重きを置く社会では状況によって対応が必ずしも一貫しないといふことである。

クラーク氏が指摘する「原則よりも人の気持ちとかムードが大事であると考える」日本社会＝「人間関係社会」論も、村松氏のいふ「察しあいの世界」論と内容的には通底してゐると見ていいだらう。

中国文学研究者の守屋洋氏が「日本人は往々にして論理による説得よりも、以心伝心による暗黙の了解に期待かける」が、「中国人は、論理による説得を重視する。自己主張も強烈であって、自己主張と自己主張がぶつかり合って、火花をちらす」と述べてゐる（『中国人の発想―八〇の知恵―』）のも、前記の三者と底でつながってゐる。

平成十三年夏の、十六年ぶりの「八月十五日」の首相参拝を前にしたわが方の対応を振返って見ると、「察しあいの世界」＝察し合ひの文化の特質が遺憾なく発揮されたとしか言ひやうがなかった。与党幹部や政府首脳が初めから波風の立たないやうに丸く収めようと時には追従的な言辞（「個人的にはA級戦犯は分祀すべきではないかと考へる」とか「根本的な解決は国立戦没者墓地ではないか」などとする同年七月訪中時の山崎自民党幹事長の彼の国の要人に対する発言）を呈してゐたのは、察し合ひの文化を念頭に置かなければとても理解できるものではなかった。責任ある立場の者の発言としては、しかも「A級戦犯が合祀された靖国神社への日本の指導者の参拝は受け入れられない」（唐家璇《せん》外相）との明確な干渉的発言に応答する形でなされた発言としては、度を越してゐたからである。

言ふまでなく「察し合ひの文化」、即ち他の意向に配慮する文化は、お互ひに他者の意を忖度し合ふといふ同質社会の中での相互性に裏づけられて初めて意味を持って来る。さうでないと一方的に歩み寄るか一方的に退歩するかの途しかなくなる。あくまで同質的な国内では有効であるが、自らの原理原則を踏まへて主張するところから始まる国際社会では通用しないどころか、むしろ自国にとって大きくマイナスにはたらく。

対立や摩擦から距離を置かうとする心理が働く察し合ひの文化は、時として「一時しのぎ」の別名ともなりかねない。それが国内にとどまるならまだしも、外交の場での一時しのぎは後々、致命傷となって自らの手足を縛ることになる。

昭和五十七年六月の歴史教科書検定結果の新聞・テレビ・ラジオの一斉「誤報」から始った問題では、当時の鈴木内閣は「近隣諸国との友好に配慮する」旨を検定基準に加へることで収拾を図った。原理原則よりも、とにかくその場を収めようとするから相手側にすり寄る結果とならざるを得ない。そのため教科書の近現代史の記述は自国の立場よりも、「調和」を壊さないことを大事にするから、他国の見解を重んじるといふ主客転倒の奇異なものとなってしまった。首相の靖国神社参拝も一旦、彼の国の言ひ分に配慮して退《ひ》いたのだから、先方にしてみれば、参拝しないのが当然だ！といふことになってしまった。

これまでたびたび繰り返された謝罪叩頭《こう》外交。根拠なきまま慰安婦募集に「官憲等が直接これに加担したこともあった」とした河野談話（平成五年）、戦後五十年の村山談話（平成七年）、小泉首相の前倒し参拝の際の談話（平成十三年）……。小泉談話に曰く「内外の人々がわだかまりなく、追悼の誠をささげるにはどうすればよいか、議論する必要がある」。「外の人」がわだかまりがないと言ふ時は、日本が日本でなくなってゐる時かも知れないのである。

これら全て相手の意向を察する余り、その反発をどう和らげるかで腐心した「察し合ひの文化」の産物である。こちらが察するだけだから、どんどん自ら深みにはまっていく。

「相手依存の自己規定」

一見、迎合的に見える「反日勢力」の諸活動も、左翼的な政治思想に靡《なび》いてゐるといふだけでなく、察し合ひの文化を念頭に置くとある程度は説明がつく。日本を攻撃する外の勢力の一方的な主張と常に共鳴関係にあるからである。そして政治的には必ずしも左翼的でなくとも相手の固く強い意思を忖度して同化してしまふ人も出て来ることになる。

かつては慰安婦に極端なまでに同情を示した婦人達がゐた。『新潮45』平成十三年九月号には「英国人捕虜に土下座謝罪する〝国辱日本人女性〟の正体」（吉田光宏氏）といふ文章が載ってゐた。彼女にはクリスチャンとしての宗教上の理由もあるらしいが、もうひとつ察し合ひの文化の視点から見ると「無意識に調和の崩れを食い止めようとして歩み寄る」（前掲の松原氏）日本人ならではの行為といふことにもなる。ガンガンと捲《まく》し立てる方の術中に自分からはまってしまふ。あるいは相手が寡黙な場合であってもその胸中を自ら察して心理的に近づいて行く。「柔らかな物腰ややさしい言葉が調和を回復する決め手となる」（同前）といふやうに。なぜなら、沈黙には耐へられない、相手が自分に対して違和感を抱いてゐると思ふと、それに耐へられないからである。その解消に向けて心が自づと動く。心理的に相手と同化しよう同化しようとする。まことに心やさしき日本人だといふことになるが、原則重視で主張する異文化を前にすると一方的に相手に呑み込まれる結果となる。

言語社会学の鈴木孝夫氏が日本語の構造的特質を分析して「相手依存の自己規定」といふことを述べてゐる（『ことばと文化』）。自称詞（一人称代名詞）が、その時々の相手によって変化するだけでなく、時には心理的に相手の立場に立って自分を見てそれによって自称詞が決まる場合もある。例へば児童を前にした小学校教師は自分のことを「先生」と表現する。校長や同僚には「私」「僕」と言ひ、帰宅すれば娘に向かって「パパ」と言ふ。この教師に弟がゐれば自分を「兄さん」と言ふ。ここに出て来た「先生」「私」「僕」「パパ」「兄さん」は英語で言へば全て「I」である。

相手に合はせて自称詞が変る。相手が具体的に自分とどういふ関係にあるかを確認して初めてその場に相応しい自称詞が決まる。これをほとんど無意識の裡にやってゐる。まさに相手依存の自己規定である。相手によって、自分の立場が決まるだけでなく、「調和が崩れそうになると、日本人はほとんど無意識にそれを食い止めようとして歩み寄る」「一般に日本人は、自己を語るのに積極的ではない」となれば、靖国神社参拝問題をめぐるわが方の対応をそのまま説明してゐるに等しい。この問題はやはり文化に起因してゐる面も考慮する必要がある。

「不幸な過去」に対する「負ひ目」があるとかねてから言はれ、その延長線上に「苦渋の決断」（山崎自民党幹事長）で八月十三日の参拝となったのだが、「負ひ目」も必要以上に相手を察する所から生じる。中国と韓国とでは事情経過は異なるがそれぞれ公式な国交を開始しようと約束しハンコを押してゐる（日韓基本条約、日中共同声明・平和友好条約）のだから、少なくとも外交上のテーブルでは条約が原則となるはずである。戦後五十年国会決議（衆院）も村山談話も必要ではなかったのだ。しかし気を回しすぎて付け込まれ傷口を自分で広げて来た。

相手の意向を忖度するとは、相手が動く動かないに関係なく、それを念頭に置いて言動することに他ならない。それ自体は決して間違ってはゐないが、考へ方や方針が食い違った際に、「無意識に調和の崩れを食い止めようとして歩み寄る」察し合ひの文化では失ふものばかりである。話は大きくなるがＧＨＱの占領統治が「成功」したのも、相手の、それも物理的な強制力を伴った占領軍の意図をいち速く察知して歩み寄る「察しあいの世界」といふ深い文化的な基盤があったからではなかったのか、と反省をしてみることも必要であらう。ＧＨＱの、例へば放送・出版・報道に対する検閲方針を察することなど、日本人にとってはいとも容易なことだったはずなのだから。

我はつひに彼にあらず

「靖国神社参拝」はあくまでも純然たる国内事項であるが、しかし「靖国神社参拝問題」となると若干様相を異にする。そこには彼我の間の超えがたい死生観上の文化ギャップが横たはり、そして対日外交戦略の裏にある牢固たる彼の国の意思が外交上の懸案化解消を阻んでゐる。さらに察することはあっても主張することを手控へるわが方の対応が相手の言ひ分に力を与へてゐる。

『孫子』謀攻篇に「彼を知らず己を知らざれば戦ふ毎に必ず殆《あやふ》し」といふ一節があるが、まさに相互の文化の相違に留意しなければ「戦ふ毎に必ず殆し」である。総理の靖国神社参拝で学ぶべきはこの点ではなからうか。

わが国には「察し合ひの文化」といふ「自他のつながり」を大前提とした、相手を立てる素晴らしい文化がある。このわが文化の特質は、自己の存在が無視されることのないやうに自らの理屈を楯に徹底的に自己主張を貫かうとする「主張する文化」とは、既に述べたやうに噛み合ふべくもない。「主張する文化」は自他の対立を当然のこととしてゐる。

国内が「主張する文化」で染ってゐれば、その政府の対外関係の基本姿勢が自国の主張をどう強く押し出すかに置かれることは当然である。そこでは他国との友好のために自らの言ひ分を初めから手控へるやうなことはしない。外交の目的は相手に自らの方針や考へ、立場を説明し、それへの認識を深めさせるところにあるからである。自国の存在を強く印象づけるところに外交の目的がある。

おそらくわが国以外の国々は右のやうな姿勢で国際社会に臨んでゐるはずだ。そもそも国際社会とはさうしたものである。友好は結果として得られるものであって、仲良くするための配慮で最初から主張を遠慮することはしない。言ひ放しで席を立つことぐらゐは屁とも思はない。

日本人にとって仲良くすることは無条件に善いことになってゐる。他者に気を配らずに自分のことだけを言ひ募る者は嫌はれる。相手を傷つけないやうに配慮する。勿論、例外はあるだらうし、近頃は人間関係がぎすぎすしてきたと言はれてはゐても、「相手依存の自己規定」は容易なことでは変らない（変へてはならない）。小泉参拝の際の談話を見れば「察しあいの世界」は十二分に堅在（健在）である。しかし、それはあくまでも国内にとどまるものであることを知らなければならない。マス・メディアや政治家、外交官の責任は重い。

「察し合ひの文化」が国際社会で通用しないからといって「主張する文化」に乗り換へたのでは、これほどまた勿体ないことはない。それは「自と他」「怨と親」をどう融合調和させるかといふ人類史的課題に大きく寄与するはずのものだからである。ディベート教育が必要だとの声もあり一部で実践されてゐるが、その前にやらなければならないことがある。外国語学習の前提に国語力の裏づけが必須なやうに、国際社会を念頭に置くならばあらゆる意味で自国文化の特質についての認識を深める方向で教育が考へられなければならない。

いささか奇麗ごとを唱へるやうだが、国内においては「察し合ひの文化」、対外的には「主張する文化」、宜しく二刀流を目指すべし。そのためには彼我の差異を弁へなければならない。彼我の違ひは「我」（自らの内面に染み込んでゐる自国文化）を明確に自覚することなくして把握できない。そしてまた自分自身を自覚するには他者に関する情報は不可欠である。異文化についてのより多くの情報を手にすることで自国文化への認識は一層、深まり具体的になるはずである。

かつて竹山道雄氏が禅寺の門前で一見した時、なぜか「全身に電気が走るように感じた」と記してゐる（『主役としての近代』所収「死ぬ前の支度」）次の法語は、むろん人生観の修養に関する語句ではあるが、ここからも教へられるものが無限にあるやうに思はれてならない。

我はつひに彼にあらず
　また他に何時をか待たん

（**追記**）相手の立場を重んじる「察し合ひの文化」は巧まずして故障の少ない使ひやすい良質の家電製品や自動車などを生み出したが、相手の立場を尊重する「察し合ひの文化」が外交の場に持ち込まれたらどうなるだらうか。

八月十三日（平成十三年）の「前倒し」参拝の際に宥和的とも見える「談話」を発した小泉首相は、さらに十月八日には中国を、十月十五日には韓国を、それぞれ日帰りで訪問してゐる。靖国神社への参拝で波立った状況を少しでも静めんとしたのだらうか、その折に、抗日戦争記念館や西大門刑務所歴史館を見学した。どちらも侮日・反日に焦点を当てた施設である。相手の立場に配慮する日本人的流儀だが、相互関係にプラスするものは何もない。訪問時、「日本の指導者が参拝すれば複雑な結果になる」（江沢民主席）とか「内外の人々がわだかまりなく祈りをささげる方法を実現して欲しい」（金大中大統領）などと一方的に注文をつけられてゐる。

この問題では、国内専管事項なのだから、粛々と参拝を続けることが大切で、こちらから先廻りして動かないことだ。それしかないと思ふ。

第四章　日本歴史の特性——「古代」が今に生き続ける国——

第六十二回目の神宮御遷宮（平成二十五年十月）

伊勢新聞　平成25年(2013年)10月3日　木曜日　第46882号

浄闇の中、厳かに「遷御の儀」

ご神体、無事新宮に

神宮　1300年続く神事、最高

伊勢神宮内宮で営まれた「遷御の儀」で、絹の幕に囲まれ新正殿に向かうご神体＝2日夜、伊勢市で

世界最古の木造建築・法隆寺

はじめに

ここに「日本歴史の特性」といふ標題を掲げました。わが国の歴史の他国には見られない独自性（個性）について、その一端なりを考へてみたいと思ったからです。「個性」と言ひますと現在の日本では専ら個々人に関することとされ、その「個性を尊ぶこと」が何よりも大切とされてゐます。それもよくよく観察しますと、個性尊重が「わがまま」を見逃す折りの、あるいは「わがまま」を主張する際の、言ひ分けや理由づけになってゐる場合が多いやうにも見受けられます。それはともかくとして個々人の間だけでなく、国と国との間にもそれぞれ「国の個性」があるはずなのですが、今の日本ではさうしたことにあまり関心が払はれてゐるやうには思はれません。例へば、現在の学校教育の場で、わが国の個性といふか特性、独自性に焦点を当てた教育がどれだけなされてゐるでせうか。皆さん自身がこれまで受けてきた教育内容を振り返ってみてください。独自性に焦点を当てるどころか、むしろ逆ではなかったでせうか。

人類普遍の原理、宇宙船地球号、地球市民などといった言葉が飛び交ひ、「せまい国家的利益（国益）を追求するのではなく、地球的視野に立つ全人類の利益（人類益）を考えて行動しなければならない」と記す教科書（高校『精選政治・経済』第一学習社）や表紙に「地球市民として生きる」との副題を付けた教科書（高校『新現代社会』帝国書院）があるくらゐです。昨今は以前にも増して「グローバル化」が叫ばれ、自国にこだはる時代は過去のものとなったといった観念が学校だけでなく国全体を覆ってゐる感じです。

いま、わが国で気になること

子供たちの心を台無しにしかねない「小学校英語」

平成二十三年度から小学校での英語学習が必修になりました。必修化と言ひましても今のところは五年生・六年生に週一時間宛で評価はしないといふものですから、「成果」のほどは多寡が知れてゐます。ですから、近い将来、もっと低学年から導入し授業時数も多くして学習効果を上げるやうにすべきだとの声が出て来るかも知れないと思ってゐましたら、予想通りでした。文部科学省が平成二十五年十二月に発表した「グローバル化に対応した英語教育改革実施計画」では、平成三十二年度から開始時期を小学校三年生に前倒しして、「三～四年生は英語を教科とせず、主にコミュニケーションを通じて英語に親しむ授業を実施。五～六年生は教科書を使って正式の教科とする」とのことです。しかし、授業時数に限度がありますから、英語に割かれる時間が増えればその分だけ、国語や算数の時間にしわ寄せが行くことになります。もし今後、小学校での英語学習の成果が上がるとしたら、そこに費やされた時間と精力の分だけ、他教科の学習が疎かになったといふことです。

小学校時代は国語にどっぷりと浸って、国語の読み書きをきちんと学ばなければならない大切な時期だと思ふのですが、小学校どころか幼児英語教室の案内ビラが日常的に郵便受けに投げ込まれ、「キッズ英語一・五才から」との大看板を駅前で眼にします。幼稚園の園児募集のポスターには「英語学習の実施」が謳はれてゐますし、ＮＨＫ教育テレビでは幼児・小学校低学年向けの英語番組が朝夕十分間ほどですが連日流されてゐます。これが子供たちを取り巻く現在の教育環境ですから、わが国の独自性に焦点が当てられた教育など望むべくもないと言っていいでせう。

国語の学力が外国語学習の基礎学力のはずです。小学校では古典の名句を諳《そら》んじたり漢字の書き取りや作文により多くの時間を割き、従前のやうに中学校からの英語学習で一向に構はないのではないかと思ひます。国語力の不十分な小学生に文法の学習はできませんから、とにかく英語に慣れろとばかりに「歌って踊ってゲームして」の授業展開になるとのことです。小学校英語は時間の浪費のやうに思はれてなりません。

英米の大学でも御講義をされて来た藤原正彦先生（お茶水女子大学名誉教授、数学）は小学校では「一に国語、二に国語、三、四がなくて五に算数、あとの教科は十以下」との警世的な指摘をなされてゐます（『祖国とは国語』新潮文庫）。英語の必要性がいよいよ高まる時代だと言ふならば、先づは国語の教育に力を入れるべきです。学習の時期を考へるべきです。時期を違へてはなりません。国語で表現する以上のことは英語で表現できないのです。

英会話力をつけないと国際商戦で遅れをとるのではないかと世間ではよく言はれますが、

藤原先生が「世界で一番英語がうまいのはイギリス人だが、二十世紀を通してずっとイギリス経済は斜陽だった。英語を話す話さないと国際経済競争の勝ち負けは無関係だ」といふ旨の御講演をされたことを耳にして、なるほどその通りと思ひました。

国語のきちんとした学習は、読み書きの習得に止まらず正しい倫理観や道徳観を養ふことにもつながる重要な一面を内包してゐます。国語の読み書きの学習は人格形成といふか国民教育の中核を成すと言ってもいいと思ひます。大袈裟なやうですが、小学校英語は国の将来を危ふくはしないでせうか。小学校英語で子供たちの情操は豊かになるのでせうか。自国の文化・伝統への愛情が育まれるのでせうか。子供たちの心を台無しにする（スポイルする）ことにはならないのでせうか。

次の時代を担ふ「国民の育成」といふことを突き詰めて考へれば、初等教育段階では「一に国語、二に国語…」となるはずです。自国文化との一体感（アイデンティティ）を体してこそ、異文化と交流し、その異同を認識する力が具はるはずです。人格形成の大事な時期に中途半端な英語学習の導入は本当に時間の浪費だと思ひます。

どこの国でも良き次世代国民を育てるために真剣になってゐるのに、わが国では焦点の暈《ぼ》けた初等教育がなされてゐるやうに思はれてなりません（本書の第六章で「小学校英語」の問題点を詳述）。

「小学校英語」は一つの例ですが、ことほど然様《さやう》に現在の日本は何か大事なことを忘れてゐるやうに思はれてなりません。地に足が着いてゐない感じです。

「領土を守る法制度の確立」を求めて署名を集めなければならない

平成二十二年九月、尖閣諸島（沖縄県石垣市に属す）の沖合で中国漁船が領海侵犯を警戒中のわが海上保安庁の巡視船に体当りする事件がありました。中国人船長を逮捕したまでは良かったのですが、対抗的にレアアース（希土類）の輸出規制を打ち出され邦人四人が河北省で身柄を拘束されると、政府は慌てて船長を釈放するといふ情けない顛末でした。一時的には対立は避けられましたが、悪しき先例を自ら作ってしまひました。その後、一層頻繁に、中国公船が尖閣近海に出没し領海侵犯を繰り返すやうになってしまひました。この事件の経緯を見ても、基本的なことを疎かにしてゐる点で、地に足が着いてゐない点で、「小学校英語」と似てゐると思ひました。

かうしたあまりにも退嬰的で屈辱的な政府の姿勢に対して、このままでは日本の領土領海が危ふくなるとして、〝尖閣諸島をはじめ我が領土を守るための請願署名〟活動が展開されました。国会（衆参両院議長）に対して、「領海侵犯を取り締まり直ちに拿捕《だほ》を可能とする関係法令の整備」「自衛隊の平時における領域警備のための法制度の確立」などを求めたのです。世界には百九十余の国がありますが、領土領海を守るための法整備を求めて有志国民が立ち上がらねばならない国が他にあるでせうか。「主権・国民・領土」は独立国に不可欠の三要素です。その領土領海を守るために法律を整へよなどと国民が署名活動をしなければならないのが、今の日本です。

「総理の靖国神社参拝」が儘《まま》ならない

さらにまだ気になることがあります。戦歿者の慰霊です。

戦歿者を弔ふことは「主権・国民・領土の守護」のバックボーンであり独立国の聖域です。戦歿者をどう追悼するかは、まさに主権行使の一つで、その国のやりたいやうにやって良い訳です。

もし、そこに国外からの影が及んだり掣肘《せいちう》を受けるとしたらその国は独立国とは言へません。残念なことに、わが総理の靖国神社参拝が対外的配慮から手控へられることが常態化してゐました。少し経緯を述べますと、靖国神社には百四十年余の歴史があるのですが、外交上の理由から首相参拝の是非が言はれるやうになったのはここ三十年弱のことです。対外的配慮で戦歿者の慰霊を控へて来た国は日本以外にはないでせう。

昭和六十年八月十五日、当時の中曽根康弘首相が「公式参拝」であるべきだと鳴り物入りで参拝したまでは良かったのですが、中韓両国から批判されると以後、参拝を控へたのです。これを契機に中韓両国が干渉するやうになりました。総理の靖国神社参拝について、昭和五十九年までは何ら国外からの雑音はなかったのです。国内専管事項ですから当然です。しかし中曽根内閣で一歩譲ったため、これ以後何かと高飛車な非難の言葉を投げかけるやうになったのです。神社そのものは全く変ってゐないにも関らずです。

中曽根首相の参拝取り止め以降三十年近くの間、橋本龍太郎首相（「誕生日参拝」一回）と小泉純一郎首相（年一回の参拝で計六回）の二人を除いて、二十余年、十五人の総理が参拝しませんでした。外国を公式訪問した際には相手国の慰霊モニュメントに花束を捧げ頭を垂れてゐるのに、靖国の社頭に立つことを避けて来たのです。異常なことでした。平成二十五年十二月二十六日、安倍晋三首相が第二次安倍内閣発足から一年といふことで靖国神社に足を運びました。手控へて来たことを改めた訳ですからニュースにはなりますが、本来騒ぐほどのことではないのです。当然のことなのです。

この件では所謂「A級戦犯刑死者」七人の合祀が云々されますが、「A級戦犯」は法的な概念ではなく、ポツダム宣言の受諾から来る戦勝国と受諾国といふ国際政治の力学から生まれた政治概念です。戦時中の日本の指導者を「A級戦犯」として裁いたとされる極東国際軍事裁判（東京裁判）は、厳密な意味での「法」に基づいたものではなく、米国統合参謀本部の命令を受けたマッカーサー司令官が制定した「占領軍の行政命令」による裁判劇だったのです（ですから、占領統治が終って主権を回復すると、昭和二十八年、各地の軍事裁判で死刑になった九百三十七人と裁判中に亡くなった人たちも合せて千六十八人の落命した人たちは「戦死者」と同様に遺族に弔慰金や年金が支給されるやうに国会は法律改正を行ってゐます。その延長上に靖国神社への合祀があるのです)。

そのうへ日本は交戦国のすべてと平和条約を結んで国交を開いてゐます。総理の靖国神社参拝に外国がとやかく言ふことは明白なる内政干渉です。ですから、所謂「A級戦犯刑死者」が祀られた昭和五十三年以降、総理が毎年参拝しても何も言はなかったのです。昭和六十年まで外からは何らの声もなかったのです。しかしながら迎合的なマス・メディアが国外からの声を拡声器のやうに国内に広報し、その報道に煽られた政治家の軽挙が続き手控へることが常態のやうになってしまってゐたのです。

中曽根首相が公式参拝に拘《こだは》った昭和六十年八月当時の、例へば朝日新聞などは連日に渡って批判の記事と論説を掲げ、その北京特派員はどう火を点けようかと苦心してゐたのです。図書館の縮刷版で当時の紙面を確認して下さい。明らかに報道機関の一線を越えてゐました。安倍首相の参拝を巡っても同様の、キャンペーン新聞の一面を顕《あらは》にしてゐます。

そもそも日本の総理が国内で何時何処で何をしようとも全く自由なはずです、法律違反でもない限りは。その自由を制約しようとするのですから奇妙な新聞です。

洋の東西を問はず戦歿者に哀悼の誠を捧げることは国民教育の大前提であり国民道徳の根底でもあります。各国の実情を有りのままに見てください。わが国ではこの認識が必ずしも行き渡ってゐないことが実は問題なのです。中韓両国がしつこく嘴《くちばし》を入れて来るのも、日本人が先人を敬ふといふしっかりとした道徳観念を持つことを妨げようとしてゐるからです。

それに大新聞が与《くみ》してゐるのですから恐ろしい話です。かうしたマス・メディアの歪んだ報道に煽られて歴代総理の多くが靖国神社参拝を手控へて来ただけでなく、あらたな国立追悼施設の建設を目指す超党派議員連盟があるほどですから、いかに校舎が立派になり理科の実験設備が整へられたとしても、どこか心棒が抜けてゐるやうに感じられてならないのです。

「公」の義務から切り離されてゐる高校生

フランスでは十七歳の男女全員に軍隊への一日体験入隊、即ち「国防への準備動員日」への参加を義務づけ、国防の仕組みや国防政策などの知識を教へ込みます（産経新聞、平成十二年四月九日付）。参加者には参加証明書が発行され、十八歳からの選挙権が与へられるほか、この参加証明書がないと運転免許証の取得や大学入学資格試験の受験ができないといふことです。かうした一日入隊、「国防への準備動員日」への参加を義務づけてゐるところに、次の時代を担ふ少年少女に「国民」としての自覚を促さうとする大人世代の強い意思が感じられます。

一方、日本の十七歳はどういふ教育環境にあるのでせうか。十七歳といへば高校二年生に相当します。多くは所謂受験や就職が気掛かりで、将来への漠然とした期待と不安を抱へながら日々を送ってゐる時期でせう。フランスの少年少女とて将来への期待も不安もあるはずですが、先づは「国防への準備動員日」を通過しなければなりません。日本の若者には国民としての自覚を否応なしに促される機会がありません。要するに、日本の十七歳は「私」のことだけに関心を持ってゐれば良い訳ですが、フランスでは国民としてのあり方、即ち「公」の領域についても併せ考へさせられる訳です。その結果が十八歳からの選挙権です。

わが国にも「十八歳からの選挙権」付与を謳ふ政党がありますが、その前提に全員に何らかの国民的義務を課すとはしてゐませんし、日本では自衛隊への一日入隊の義務化など夢のまた夢でせう。アフリカの旧植民地などからの移民を多く抱へるフランスの国情は日本と異なるものがあるにしても、フランスの十七歳と日本の十七歳の間には大きなギャップがあるといふことです（米国・英国・カナダ・ドイツ等々、「十八歳で選挙権の国々」の十七歳とも開きがあるはずです）。近年は修学旅行で海外を訪れる高校が珍しくなくなりました。しかしながら、例へば現地で交流会を持ったとして、果して「私」しか考へて来なかった日本の高校生と先方の同世代とは話題がうまく咬み合ふのでせうか。意見のすれ違ひはあって当然ですが、話題のレベルが同じだらうかと少々気になるのです。それは高校生に限らず、日本人全体に言へることかも知れません。

「日本国憲法」が孕《はら》む病理

以上、気になるいくつかについて拙見を述べました。わが国では政治も教育も「国のあり方」や「国の将来」について本気で考へてゐるのだらうかといふことです。中でも右に述べた「総理の靖国神社参拝」が騒がれてゐる現状は深刻です。中韓両国の干渉を後追ひするやうな各新聞の論説にはあきれるばかりです。日本国内の論調を見て、さらに両国は語意を強めてゐるやうにも見受けられます。こんなことが永く続くはずはないと思ひながらも、将来の日本はどうなるのだらうかと考へる度に心が痛くなります。

それは「戦歿者の追悼」に一国のあり方のすべてが凝縮されてゐると思ふからです。このことが儘《まま》ならなければ政治も教育も真に自立したものにはならないと思ひます。それ故に、日本が一歩退《ひ》いたと見るやこれ幸ひと干渉して来るのです。日本がまともなきちんとした国になって欲しくないからです。ここに至るまでには朝日新聞をはじめとするマス・メディアの歪んだ報道がありました。戦歿者の慰霊に、外国政府がとやかく申し入れるといふ、かうした現状は国家関係のあり方として本当に異常な事態なのです。それを憂へる声が必ずしも大きくはないといふこともまたは異常なことなのです。しかし、マス・メディアが異常を異常として報道・論評しないのですから、さうなったとしてもやむを得ないでせう（全国紙では産経新聞のみが常識論を発信してゐます）。

自国の戦歿者への追悼が外国の声に影響されて来た国は日本以外のどこにあるでせうか。戦歿者を敬悼することの意味と意義が広く国民に行き渡ってゐる国の政治や外交、教育は、その国の過去・現在・未来を見通した筋の通ったものになるはずです。偸安《とうあん》（目先の安楽）に溺れて国の後先《あとさき》を無にしてしまふやうなことにはならないはずです。なぜ「領土領海を守る法律を制定せよ」と署名集めをしなければならなくなってゐるのでせうか。「戦歿者の追悼」に一国のあり方のすべてが凝縮されてゐると前述したのは、決して飛躍した見方ではないはずです。「小学校英語」にしても、目先の安逸とは言ひませんが、国の将来にまで視線を及ぼしたものとはとても思はれません。

それでは、どうして自らの立場を見失ふやうな、地に足が着いてゐないやうなことになってゐるのでせうか。いろんな理由が考へられると思ひますが、小学校・中学校、そして高校でも繰り返しなされてゐる「憲法学習」の影響が最も大きいのではないかと考へます。　皆さんは「日本国憲法」についての授業と聞くと何を思ひ浮べますか。

（「憲法学習」のキー・ワード？）
「前文」は恒久平和の宣言
三つの基本原理
平和憲法
徹底した軍備廃止の宣言
徹底した平和主義の宣言
世界史的意義を持つ平和主義
他国の憲法にはみられない平和主義
新生日本の世界に対する平和のメッセージ！
等々

右記のやうな語句が先づは脳裡をかすめませんでせうか。これらは教科書から抜き書きしたものですから、類似の語句を黒板から帳面に書き写したり、教材プリントから目にしたりしてゐたはずです。とにかく素晴らしいものだとの前提で憲法が語られてゐたはずです。憲法ですから、大切なものだとして肯定的に教へるのは本来的には当然さうあるべきなのですが、さうは言へない「病理」が憲法に孕《はら》まれてゐるのです。学習指導要領に添った教科書に拠って真面目な先生が、右の表のやうな授業を何十年も続けた結果どうなったのでせう。ちょっとどぎつく対照的に書きましたが、左記のやうな見方（観念）が世代を問はず国中に広まってゐるのではないかと思ひます。漠然とした感じ方ですが、どこか優越した気分で日本国憲法「以前」を振り返る見方が国中に広まってはゐないでせうか。

「生まれ変った日本」!?

「戦争肯定の悪しき国」暗　束縛 ――（誤・愚）――

から

「戦争否定の善なる国」明　自由 ――（正・賢）――

へ

教室の中で、日本国憲法が語られる時は、反面教師として大日本帝国憲法は端《はな》から悪しき役回りを演じさせられてゐたはずです。日本国憲法は後述のやうに「帝国憲法の改正」といふことで公布されてゐるにも関らず、両者は全く別個のものとされ、後者は専ら前者の引き立て役となってゐたのではありませんか。そのため、戦争を肯定する「暗い」「愚かな」国から、ひたすら平和に徹する「明るい」「賢い」国へと生まれ変ったとする自画像が日本人の最大公約数になってゐるやうに思ひます。

例へば、昭和十年代を扱ったテレビドラマなどを観ますと、そのほとんどが、当時の同胞を「明るい平和な時代」が来ることにも気づかずに「敗ける戦ひ」に精を出してゐる人々といった感じで描いて嘲笑してゐるやうに見えるのです。「平和」といふ戦後の絶対的価値観を以て、過去を突き放してゐるやうに感じられるのです。平和を嫌ふ人はゐないはずですが、今の日本で語られる「平和」は過去とは違ふ現在の「正しさ」を主張するための一方的な叫びになってゐるやうに聞えてならないのです。

元来、日本国憲法は憲法学の純法理の視点からみれば明白な欠陥を内包してゐるのです。なぜなら、公布された昭和二十一年十一月三日当時、わが国はポツダム宣言の受諾によってGHQ（米国を中心とする連合国軍総司令部）の占領下にあって国家主権を喪失してをり、憲法を云々できる要件を欠いてゐたからです。国家独立のための三要素である「主権・国民・領土」のうちの「主権」がなかったのです（昭和二十年九月二日の米艦ミズリー号艦上での調印式以降。昭和二十七年四月二十八日、講和条約の発効で独立─主権回復─）。

にも関らずGHQの指示で日本側が帝国憲法の改正案をまとめたところ、逆にGHQスタッフ起草の原案を提示されたのです。それを拒む自由はなく、議会での憲法改正審議もGHQの制約の下に行はれました。当時、GHQが原案起草に関与したことは伏せられ、新聞・ラヂオ等のマス・メディアもGHQの検閲下にありましたから、連合国の関与を報じることはできませんでした。占領軍が当該国の憲法に手を入れることは国際法違反でしたから、日本人の反発を警戒したのでせう（当時、GHQが隠さうとしたことが、今では「憲法草案をつくった二十五人のスタッフの一人」などといふ説明つきで顔写真が教科書に載ってゐます。まるで恩人扱ひです）。

かくしてGHQ起草の「日本国憲法」は、帝国憲法第七十三条の改正条項に基づく「帝国憲法（明治憲法）の改正」の建前で、「十一月三日」の明治節（明治時代の天長節―天皇誕生日―）の佳節に公布されました。佳節とは「おめでたい日」といふことで、かつてこの日は小学校で奉祝式典があって、紅白のお饅頭が配られたといふことですから、大多数の大人たちにとってはまさに佳節であって懐かしくも甘い思ひ出が蘇る日でした。大安に結婚式を挙げるやうなもので、佳《よ》い日に公布されたものは良いものに決まってゐるとの先入観を抱かせようとしたのでせう。

なぜ「五月三日」が憲法記念日かと言へば「公布の日から六ヶ月後―昭和二十二年五月三日―に施行」されたからです。明治憲法の改正・明治節の日の公布とは、なかなかな知恵者がゐたものです。しかも、どちらも「第一章　天皇」となってゐます。公布時は明治時代・明治憲法との繋がりを連想させる中で出て来たはずの日本国憲法でしたが、しかしながら、その学習は関連に触れないどころか、積極的に繋がりを否定するものとなってしまったのです。今、「十一月三日公布」の意味するものに触れた憲法学習がどれだけ行はれてゐるでせうか。「天皇主権」「欽定憲法」から「国民主権」「民定憲法」へ、と言ったやうな、およそ真相から外れた概念用語が教科書を飾ってゐます。

なぜこんなことになったのでせうか。GHQ（米国）の日本占領統治の「究極ノ目的」は「日本国ガ再ビ米国ノ脅威…トナラザルコトヲ確実ニスルコト」でした（「米国の初期対日政策」）。

即ち日本の弱体化を意図したものでした。全国各地の都市二百余箇所への空襲に加へ広島・長崎に原爆を投下して、やっとのことで日本をポツダム宣言の受諾に追ひ込んだ米国にしてみれば、日本の弱体化を意図するのは当然のことでせう。

今ではほとんどの政党が「平和憲法」と呼んでゐるＧＨＱ起草の日本国憲法の第九条はいふなれば武装解除といふ被占領期の非常事態を制度化して永続化しようとしたものだったのです。それは単なる物理的な無力化だけでなく、日本国憲法以前の日本を「暗」「愚」の時代と冷視し突き放して、「新生日本」を強調することで日本人から自信（底力）を奪ふものだったのです。

日本国憲法の公布と歩調を合はせて「日本は生まれ変った」と日本人が認識してくれたら、そんな日本の国は恐れるに足らないでせう。自らの過去を否定し嘲笑して「生まれ変った」と自己認識する処からは底力は出て来るはずもないからです。憲法学習はそのまま「新生日本」「平和日本」への讃歌であり、「暗」「愚」の時代と切り離された「別の日本」になったといふ観念を植ゑつける場となったのです。

生まれ変ったとの観念が浸透してゐますから、国家の尊厳に関はる「戦歿者の慰霊」に国外から嘴《くちばし》を入れられてゐる現実に対しても、憤りの声が大きくならないのだと思ひます。理非を明らかにするはずの報道機関のほとんどが、ＧＨＱの優等生で「生まれ変った」派であることは不幸なことだと思ひます。「徹底した平和主義の宣言」とか「新生日本の世界に対する平和のメッセージ」といった憲法学習の弊害は計り知れないものがあると思ひます。わが国の政治や教育が、国の過去・現在・未来を見通した確固としたものとなってゐない、地に足が着いたものとなってゐないのは、憲法学習が大きく影響してゐるのではないかとの拙見を少しはご理解いただけたでせうか。

蛇足ながら申しますが、ＧＨＱ（米国）による占領統治が日本の弱体化を狙ったものであったからと言って、米国を非難しても始まりません。日本を料理しようと本気で乗り込んで来たのですから、米国としては当然でせう。講和独立後、われわれが確《しつか》りすれば良かっただけのことだったのです。それにしても日本人は人が良いと言ふか甘いと言ふか、日本を改造しようと本気で乗り込んで来た米国の強い意志に学ぶ必要があります。

画期的な意味を持つ教育基本法の改正

少し悲観的なことばかり述べましたが、近年、教育のあり方について画期的な改善がなされました。平成十八年十二月の教育基本法の改正です。

昭和二十二年三月に公布施行された教育基本法は　まさに教育に関する様々な法令の運用や解釈の拠り所として、六十年近くに渡って重きをなして来ましたが、その施行が昭和二十二年三月の被占領期であることから容易に窺はれるやうに「日本国ガ再ビ米国ノ脅威…トナラザルコトヲ確実ニスル」ための占領統治の一環でした（教育基本法の施行から一年三ヶ月後の昭和二十三年六月、衆参両院で教育勅語の「排除」「失効」が決議されたのも同一線上のことでした。そもそも明治天皇の「御著作」である教育勅語の排除や失効確認を国会が決議すること自体がまったく筋の通らぬことなのです)。

教育基本法は日本国憲法と表裏一体のものとして施行されました。さうしたGHQの底意を疑ふことなく、日本国憲法をずっと前から「平和憲法」と讃へる人たちは教育基本法についても「準憲法」とか「教育憲章」とかと高く評価して来ました。一方で、当然ながら教育基本法には「伝統の尊重」や「愛国心の涵養」などあるべき国民像が示されてゐないといふ批判も底流としてはありました。それが、やうやく半世紀以上経って改められたのです。改正前(全十一条)と改正後(全十八条)で、どの点が変ったかを少し見れば改善されてゐることは明らかです。

例へば「公共の精神を尊び…伝統を継承し」(前文)とか、「豊かな情操と道徳心を培い…」「伝統と文化を尊重し、それらをはぐくんできた我が国と郷土を愛するとともに…」(第二条―教育の目標―)といった文言が新たに改正法には明記され、「家庭教育」や「学校、家庭及び地域住民等の連携協力」などについても一箇条を割いてゐます。もちろん「教育の目的」「教育の目標」を法律に盛ることは適切かとの声もありましたが、現実に教育基本法があって、そこに「教育の目的」「教育の方針」があり、それによって法令の運用や解釈がなされてゐる訳ですから、「伝統の継承」に一言も触れてゐない被占領期の法律をそのままにしておく訳には行かなかったのです。
さらに改正前と改正後とで教育基本法が変質してゐることを端的に示すのが「前文」の書き出しです。

(改正前)　われらは、さきに、日本国憲法を確定し、民主的で文化的な国家を建設して、世界の平和と人類の福祉に貢献しようとする決意を示した。この理想の実現は、根本において教育の力にまつべきものである…

(改正後)　我々日本国民は、たゆまぬ努力によって築いてきた民主的で文化的な国家を更に発展させるとともに、世界の平和と人類の福祉の向上に貢献することを願うものである…

どちらにも「民主的で文化的な国家」といふ文言が出てきますが一目瞭然、発想が逆さまです。国民教育の本質から判断して明らかに良くなってゐます。改正前は「日本国憲法によって『民主的で文化的な国家』を建設することになった」として日本国憲法が起点に据ゑられて過去との繋がりが全く見えませんが、改正後では「我々日本国民のたゆまぬ努力よって『民主的で文化的な国家』が築かれたきた」として先人の努力の結果が現在であり、それを更に明日に繋げて行かうと述べてゐるからです。主語も単に「われらは」とあったものが「我々日本国民は」となりました。次はその「前文」の結びです。

（改正前） ここに、日本国憲法の精神に則り、教育の目的を明示して、新しい日本の教育の基本を確立するため、この法律を制定する。（傍点山内）

（改正後） ここに、我々は、日本国憲法の精神にのっとり、我が国の未来を切り拓く教育の基本を確立し、その振興を図るため、この法律を制定する。

どちらにも「日本国憲法の精神に則《のっと》り、…」と同一の文言がありますが、前頁に記した前文の書き出しのそれぞれと結びつけて読んでみますと、相違は明らかです。改正前は前文「結び」で、改めて日本国憲法によって「教育の目的」を明示して「新しい日本」の教育の基本を確立するためにこの法律を定めたと説いてゐます。改正後の前文「結び」にも確かに「日本国憲法の精神にのっとり」とありますが、改正前の前文「結び」に既に日本国憲法云々とありましたし、現行法治体制の建前が日本国憲法の下にある訳ですから、敢へて削除することもなかったといった感じで日本国憲法云々で入ってゐます。

教育基本法の改正については憲法改正の先駆けであるとか国家主義教育への傾斜である等々の様々な理由から強硬な反対がありました（民主党・社民党系の日教組、共産党系の全教など）。日本国憲法を「平和憲法」として金科玉条視して憲法改正などとんでもないと声高に叫ぶ人達は当然のことながら教育基本法の改正は改悪であると強く反対しました。

例へば、この前文「結び」の箇所について、反対する人たちは改正では《戦前の帝国日本との歴史的切断を意味する「新しい日本」を削る》ことになるから問題だとしてゐました（「教育基本法の改悪をとめよう！全国連絡会」）。朝日新聞や毎日新聞なども、反対派に肩入れした論説をくり返してゐました。

教育基本法を守れ！　と叫ぶ人達が言ふやうに、前文「結び」に出て来る「新しい日本」とは「戦前の帝国日本との歴史的切断を意味する」日本のことだったとなれば、やはり教育基本法は改正しなければならなかったのです。それにしても日本は今後とも「戦前の帝国日本と歴史的に切断された日本」であるべきだとは、この人達の主張は六十九年前、「日本国ガ再ビ米国ノ脅威…トナラザルコトヲ確実ニスルコト」を目論んで乗り込んで来たＧＨＱの思惑にピッタリと一致します。繰り返しますが、曾祖父母や祖父母の時代を突き放し、繋りを否定し、それとの「切断」を良しとするやうでは誇りも自信も生まれて参りません。

ともかく教育基本法の改正は、まさに「教育」の基本に立脚したものであり大いに歓迎すべきことでした。さらに進んで「日本国憲法」も、その原点である「帝国憲法の改正」の時点に立ち戻って根本的に見直さなければならないと考へます。

二つの連続性―法隆寺と式年遷宮―

現存する世界最古の木造建築・法隆寺

大分道草をしてしまひました。本題の日本の国の個性、特質についての話に移ります。皆さんは、奈良県斑鳩《いかるが》の里の法隆寺はご存じでせう。中門から入って右手に金堂、左手に五重塔といふ伽藍配置（法隆寺式）でも名高く、このことはどの歴史教科書にも記されてゐますし、明治の俳人にして歌人・正岡子規に「柿食へば鐘が鳴るなり法隆寺」といふ有名な句もあります。推古天皇十五年（六〇七）、聖徳太子によって建立された古刹《こさつ》です。再建説に立ったとしても七世紀後半です。その法隆寺が平成五年に姫路城とともに日本初のユネスコ世界文化遺産に登録されたことも周知のことと思ひます。

日本で一番古いお寺と言へば蘇我馬子が六世紀末から七世紀の初めにかけて建てたと言はれる法興寺（元興寺《がんごう》）です。しかし、伽藍、即ち寺の建造物自体で最も古いのは法隆寺です。法隆寺は日本で一番古い寺であるばかりでなく、現存する世界最古の木造建築なのです。千四百年、再建されたとしても千三百年余の風雪に耐へ天変地異を凌いで来た訳です。木造ですから人間の不注意だけでなく落雷による焼失、あるいは地震による倒壊などの可能性もあったでせう。

地震に関しては、五重塔は一階ごとに積み上げる方式で「揺れ」を吸収する柔構造になってゐるといふことです。いづれにしましても、法隆寺は「法隆学問寺」とも称せられるやうに、聖徳太子の時代から変ることなく、仏典の研究が続けられて来ました。太子に勝鬘《しやうまん》経・維摩経・法華経の三つの経典についての注釈書がありますが、太子を仰ぐ人達によってその法灯が受け継がれて今日に至ってゐます。

少し余談になりますが、四十年ほど前、法隆寺夏季大学といふ講習会（毎夏七月末に開催）に参加したことがあります。日程は四日間で、隣接する福園院に泊めて頂き毎早朝、太子をお祀りする聖霊院《しようりようゐん》での勤行《ごんぎよう》に参じて心が洗はれるやうな瑞々《みづみづ》しい気持ちになりました。いま改めて思ふことは、法隆寺は「生きてゐる」といふことです。当り前のことですが、そこで生きた営みがずうっと続いて来たんだといふことです。法興寺・大安寺・興福寺・薬師寺を初め、法隆寺と前後して建立された寺院も場所は移りましたが、今日までも続いてゐますから同様のことが言へます。

しかし、法隆寺の場合はさらに「同じ伽藍の下《もと》で」営みが続けられて来た訳です。現存する「世界最古の木造建築」などと言ひますと、どこか長い年月に渡って落雷や地震の被害から免れる幸運に恵まれたからだといった語感がなくもないですが、それだけでは千四百年は保《も》ちません。そこで生きた営みが続いたからであり、それを担った人たち数十世代が目配りを続けたからです。

ともかく日本に現存する世界最古の木造建築があると聞くと私なんかはとても嬉しくなり

ます。昔のものが変らずに残ってゐると聞いただけで、代々どのやうにして伝へて来たんだらうかと想像すると楽しくなります。皆さんはどう感じられますか。

六十二回を数へた「二十年」ごとの式年遷宮

法隆寺のやうに同じ建造物が現在までずうっと続いてゐるといふ連続性はある意味で分りやすいでせう。ところが、三重県伊勢市（もと宇治山田市）の神宮では式年遷宮と言ひまして、「一定の年数で全てを建て替へて御神霊をお遷しすること」を何度も何度も繰り返してゐます。言はば「繰り返すこと」の連続性です。法隆寺の場合は永久的なものとして造立《ぞうりゅう》されましたが、伊勢神宮では初めから造り替へることを前提に建て、一定の年月を経ると新しく造り替へることを繰り返してゐるのです。

この式年で造り替へる方式は春日大社・住吉大社・香取神宮・鹿島神宮・出雲大社などでも（一部では形を変へて）行はれてゐるやうですが、伊勢神宮の式年遷宮が歴史的にも由緒があり規模的にも大掛かりで、式年遷宮と言へばそのまま伊勢神宮のこととされるほどに名高くなってゐます。寅年と申年が来る七年目ごとに「柱」を立て替へる諏訪大社の御柱《おんはしら》祭りなども式年遷宮に通じてゐると思ひます。

伊勢神宮（正式には神宮）は大きくは皇祖神・天照大御神《あまてらすおほみかみ》をお祭りする内宮《ないくう》とその御饌都《みけつ》神《かみ》（食物をつかさどる神）・豊受大御神《とようけおほみかみ》をお祭りする外宮《げくう》、さらには十四の別宮から成り立ってゐます。創始は古く内宮は垂仁天皇二十六年（ＢＣ四）、外宮は雄略天皇二十二年（四七八）に、それぞれ現在地の五十鈴川上《いすずのかはのほとり》、山田原《やまだのはら》で祭るやうになったと神宮では伝へてゐます。その神宮では七世紀の末の持統天皇の時代から「二十年」ごとに全てを新しく造り替へる「御遷宮」を繰り返して、平成二十五年十月の齋行で六十二回を数へました。次頁に掲げた表を御覧下さい。第一回からの御遷宮の年の一覧です。

二十年ごとの御遷宮が室町時代に入って乱れ戦国期になると五回ほど中断してゐます。さらに「二十年」ですが、よく見ると数年のズレがあった場合もありますが概《おほむ》ね「二十年」は守られて、第一回から第三十四回までは「数へ二十年」（満十九年）で、第四十二回以降は「満二十年」（数へ二十一年）であることが分ります。また初めは内宮と外宮の御遷宮の間に二年の時差がありましたが、第四十一回からは同年になってゐます（豊臣秀吉による所謂「全国統一」の五年前）。

この第四十一回から式年の大きな乱れが収まってゐますが、ここにいたるまでには乱世とは言へ、神宮に心を寄せる武将や商人たち、そして諸国を巡って浄財を募った勧進聖《かんじんひじり》たちの尊い働きがあったのです。戦国乱世の因をなしたと言はれる室町幕府八代将軍・義政でさへ御遷宮の齋行を念じてゐたのでした。第四十一回の時は、織田信長から三千貫文、豊臣秀吉から金子《きんす》五百枚と米千石が寄進されてゐますし、さらに秀吉は文禄三年（一五九四）、全国的な検地を実施する際、「宮川以東の神郡（宇治・山田・大湊の三地域）」を神宮領と認め、検地

「伊勢の神宮における式年遷宮」一覧表

（所功著『伊勢神宮』から――この他に長い間には炎上や台風による破損などを理由とする仮殿造営が何度もあるが省略。六十一回と六十二回は追記――。）

〜奈良時代

回	内宮	西暦	年数	外宮	西暦	年数
第一回	持統天皇四年	（六九〇）		持統天皇六年	（六九二）	
第二回	和銅二年	（七〇九）	二〇	和銅四年	（七一一）	二〇
第三回	天平元年	（七二九）	二一	天平四年	（七三二）	二二
第四回	天平一九年	（七四七）	一九	天平勝宝元年	（七四九）	一八
第五回	天平神護二年	（七六六）	二〇	神護景雲二年	（七六八）	一九
第六回	延暦四年	（七八五）	二〇	延暦六年	（七八七）	二〇
臨時	延暦十一年	（七九二）				

平安時代

回	内宮	西暦	年数	外宮	西暦	年数
第七回	弘仁元年	（八一〇）	一九	弘仁三年	（八一二）	二六
第八回	天長六年	（八二九）	二〇	天長八年	（八三一）	二〇
第九回	嘉祥二年	（八四九）	二一	仁寿二年	（八五二）	二二
第十回	貞観十年	（八六八）	二〇	貞観十二年	（八七〇）	二〇
第一一回	仁和二年	（八八六）	一九	寛平元年	（八八九）	二〇
第一二回	延喜五年	（九〇五）	二〇	延喜七年	（九〇七）	一九
第一三回	延長二年	（九二四）	二〇	延長四年	（九二六）	二〇
第一四回	天慶六年	（九四三）	二〇	天慶八年	（九四五）	二〇
第一五回	応和二年	（九六二）	二〇	康保元年	（九六四）	二〇

室町時代（含 戦国期）

回	内宮	西暦	年数
第三五回	興国四年	（一三四三）	二一
	康永二年		
第三六回	正中十九年	（一三六四）	二二
	貞治三年		
第三七回	元中八年	（一三九一）	二八
	明徳二年		
第三八回	応永十八年	（一四一一）	二一
第三九回	永享三年	（一四三一）	二一
第四〇回	寛正三年	（一四六二）	三二
（第四〇回）	（戦乱による中断）		
第四一回	天正十三年	（一五八五）	一二四

外宮	西暦	年数
興国六年	（一三四五）	二一
貞和元年		
天授六年	（一三八〇）	三六
康暦二年		
応永七年	（一四〇〇）	二一
応永二十六年	（一四一九）	二〇
永享六年	（一四三四）	一六
（戦乱による中断）		
永禄六年	（一五六三）	一三〇
天正十三年	（一五八五）	二三

江戸時代

回	内宮	西暦	年数	外宮	西暦	年数
第四二回	慶長十四年	（一六〇九）	二五	慶長十四年	（一六〇九）	二五

回	内宮	年数	外宮	年数
第一六回	天元四年（九八一）	二〇	永観元年（九八三）	二〇
第一七回	長保二年（一〇〇〇）	二〇	長保四年（一〇〇二）	二〇
第一八回	寛仁三年（一〇一九）	二〇	治安元年（一〇二一）	二〇
第一九回	長暦二年（一〇三八）	二〇	長暦四年（一〇四〇）	二〇
第二〇回	天喜五年（一〇五七）	二〇	康平二年（一〇五九）	二〇
第二一回	承保三年（一〇七六）	二〇	承暦二年（一〇七八）	二〇
第二二回	嘉保二年（一〇九五）	二〇	承徳元年（一〇九七）	二〇
第二三回	永久二年（一一一四）	二〇	永久四年（一一一六）	二〇
第二四回	長承二年（一一三三）	二〇	保延元年（一一三五）	二〇
第二五回	仁平二年（一一五二）	二〇	久寿元年（一一五四）	二〇
第二六回	承安元年（一一七一）	二〇	承安三年（一一七三）	二〇

鎌倉時代

回	内宮	年数	外宮	年数
第二七回	建久元年（一一九〇）	二〇	建久三年（一一九二）	二〇
第二八回	承元三年（一二〇九）	二〇	建暦元年（一二一一）	二〇
第二九回	安貞二年（一二二八）	二〇	寛喜二年（一二三〇）	二〇
第三〇回	宝治元年（一二四七）	二〇	建長元年（一二四九）	二〇
第三一回	文永三年（一二六六）	二〇	文永五年（一二六八）	二〇
第三二回	弘安八年（一二八五）	二〇	弘安十年（一二八七）	二〇
第三三回	嘉元二年（一三〇四）	二〇	徳治元年（一三〇六）	二〇
第三四回	元亨三年（一三二三）	二〇	正中二年（一三二五）	二〇

回	内宮	年数	外宮	年数
第四三回	寛永六年（一六二九）	二一	寛永六年（一六二九）	二一
第四四回	慶安二年（一六四九）	二一	慶安二年（一六四九）	二一
第四五回	寛文九年（一六六九）	二一	寛文九年（一六六九）	二一
第四六回	元禄二年（一六八九）	二一	元禄二年（一六八九）	二一
第四七回	宝永六年（一七〇九）	二一	宝永六年（一七〇九）	二一
第四八回	享保十四年（一七二九）	二一	享保十四年（一七二九）	二一
第四九回	寛延二年（一七四九）	二一	寛延二年（一七四九）	二一
第五〇回	明和六年（一七六九）	二一	明和六年（一七六九）	二一
第五一回	寛政元年（一七八九）	二一	寛政元年（一七八九）	二一
第五二回	文化六年（一八〇九）	二一	文化六年（一八〇九）	二一
第五三回	文政十二年（一八二九）	二一	文政十二年（一八二九）	二一
第五四回	嘉永二年（一八四九）	二一	嘉永二年（一八四九）	二一

明治時代　以降

回	内宮	年数	外宮	年数
第五五回	明治二年（一八六九）	二一	明治二年（一八六九）	二一
第五六回	明治二十二年（一八八九）	二一	明治二十二年（一八八九）	二一
第五七回	明治四十二年（一九〇九）	二一	明治四十二年（一九〇九）	二一
第五八回	昭和四年（一九二九）	二一	昭和四年（一九二九）	二一
第五九回	昭和二十八年（一九五三）	二五	昭和二十八年（一九五三）	二五
第六〇回	昭和四十八年（一九七三）	二一	昭和四十八年（一九七三）	二一
第六一回	平成五年（一九九三）	二一	平成五年（一九九三）	二一
第六二回	平成二十五年（二〇一三）	二一	平成二十五年（二〇一三）	二一

免除の朱印状を下し免税と自治を認めてゐます。

この方針は徳川家康にも継承され、遷宮の費用は幕府が負担し諸祭儀は朝廷の宣下を仰いで行はれ、第四十二回から第五十四回までの十三回の御遷宮が「満二十年」ごとに滞りなく励行されたのが江戸時代でした（所 功著『伊勢神宮』講談社学術文庫』）。

幕末から維新の変革の際も、二十年は乱れることはなかったのですが、昭和二十四年だったはずの第五十九回が昭和二十八年に遷延してゐます。これは、昭和二十年のポツダム宣言受諾によって、GHQの占領下に置かれたことから造営事業が中断したためでした。遷御の儀に至るまでには八年にわたってさまざまな祭儀があるのですが、GHQの厳格な政教分離政策によって、国家の関与が禁じられたのです。しかし民間からの浄財で昭和二十五年に事業が再開され、講和条約の発効（主権回復）した翌年に御遷宮が実現したのでした。

その後の昭和二十八年、同四十八年、平成五年、そして同二十五年と滞りなく御遷宮が励行されてゐますが、全て浄財によって賄はれてゐるとのことです。憲法第二十条から来る制約で国費が全く無いといふのは少し考へさせられます。憲法を遵守したら国の伝統が損はれてしまふといふやうな本末転倒にならないやうにしたいものです。

「心の継承」があってこそ「形の連続」がある

なぜ定期的に建て替へるのかについては、社殿の清浄さ（新しさ）を常に保つため（社殿尊厳保持）とか、社殿造営の技術を師匠から弟子に確実に伝へるため（世代技術伝承）などの説があります。ことに「二十年」に関しては、七世紀の暦《こよみ》は太陰太陽暦で当時の宮廷貴族は「満十九年」（二十年目）で太陽年と朔望月が一致することを体験的にも学問的にも知ってゐたであらうから、満十九年を「満数」としたであらう、二十年目に入ると一切が初めに戻り新しくなるといふ原点回帰の思想があったに違ひない、との推論もあります。

近年、一定の年限で造り替へることについて、生物学の立ち場から興味深い見解が示されました。世界の権力者が絶対に壊れない建造物を造らうしたにも関らず、ピラミッドさへ廃墟と化してゐる。古代ギリシアのデルフォイの神殿も崩れた柱が残ってゐるだけの廃墟です。ところが「二十年ごとに建て替えることにより、千年以上たった現在も昔通りの姿で存在する伊勢神宮こそ現実的な優れたやり方。生物が永遠を目指す方法と一致する」。

これは東京工業大学大学院の本川達雄教授の説で、生命の本質は永遠を目指すが構造物である人体は次第に壊れて行く。しかし、ある時点でそれを捨てて新しくつくり直す必要があり、それが「子供をつくる」ことだ。二十年ごとの御遷宮は「生物の生命維持の本質を形に表したもので、日本人の生命観の確かさを示している」といふものです（産経新聞、平成十八年四月十五日付）。

初めから造り替へることを前提に建て、造り替へることを繰り返してゐるのは、「子供をつくる」ことを繰り返して生命が繋がれ続いてゐることと相通ふと言ふのです。法隆寺に見られる如く、永久的な建造物を建てる技術は既にあった訳ですから考へさせられる見方だと思ひました。

ともかく、もう一度、一三八〜一三九頁の御遷宮の一覧表を見て下さい。

この表を御覧になって、最初に何を思はれますか。室町時代後半（戦国期）の中断が文字通りの中断であったことに先づ目が行きませんか。よく「二十年」ごとの御遷宮が復活したものだと感心させられます。同時に、全体を見渡して七世紀末から六十回余りも繰り返されて今日に至ってゐることは、文字通りに有難いことだとは思ひませんか（御遷宮が中断した時代に、神宮の荒廃を見かねて仮殿造替の費用を寄進した武将・商人や、さらに諸国を巡って浄財を募った僧尼の事績が、前掲の所 功著『伊勢神宮』に具体的に記されてゐます）。

古式のままに社殿を造り替へる御遷宮は言はば「形の連続」といふことになりますが、その目に見える「形の連続」をなさしめたものはなんでせう。二十年ごとに全てを一新する、一新しなければならないといふ「心」が受け継がれなければ「形の連続」はあり得ません。「心の継承」があったからこそ「形の連続」があり得た訳です。戦国期の断絶も断絶とならずに、文字通りの「中断」となって式年遷宮が復した訳です。

神宮の社殿には礎石がなく、太古の建築様式です。それがいつも二十年以内の新しさで立ってゐる。「二十年ごとに建て替えることにより、千年以上たった現在も昔通りの姿で存在する伊勢神宮」と本川教授が仰る通りですが、その根柢に「心の継承」があるといふことを、この式年遷宮の一覧表から読み取って頂きたいのです。それがなければ到底続くことはなかったからです。

法隆寺に見られる同一建造物が続くといふ連続性、その一方で造り替へることを繰り返すことで「昔通りの姿」を伝へるといふ連続性。「世界最古の木造建築」と「式年遷宮」。対照的ながら、法隆寺も伊勢神宮も、どちらも、少なくとも千三百年は受け継がれた代々の人たちの変らぬ心によって支へられ今日に至ってゐます。

皇統の連綿性

法隆寺建立から約百年後、平城京《へいぜいきやう》への遷都を「なんと立派な平城京」とか「なんときれいな平城京」と語呂合はせで覚えてゐる人も少なくないでせうが、七一〇年は飛鳥の地・藤原京から平城京〈奈良〉へ都が遷った年で、奈良時代の始まりとされてゐます。平成二十二年は西暦二〇一〇年で和銅三年（七一〇）の平城遷都からちょうど千三百年でした。

その年の十月八日には天皇皇后両陛下の御臨席の下、奈良市で平城遷都千三百年記念祝典が挙行され、翌八日、両陛下は元明天皇陵と光仁天皇陵を参拝されてゐます。元明天皇（第四十三代）は平城京初代の天皇であり、光仁天皇（第四十九代）は平城京最後の天皇でした。また祝典の挙行の前日には復元された「第一次大極殿《だいごくでん》」を訪ねてをられます。

大極殿は即位の大礼や朝賀（一月一日、天皇が臣下から祝賀をお受けになる儀式）、あるいは新羅や渤海からの外国使節の謁見などの諸儀が行はれたところです。記念祝典での「おことば」の中で「平城京について私は父祖の地として深いゆかりを感じています」とお述べになった今上陛下は、第百二十五代の天皇として、千三百年の時を隔てて遙か平城京の昔の八十代余り前の天皇の御代に思ひを馳せられたことと拝します。

今上陛下をお迎へして平城遷都千三百年の記念行事が実施されたことは新聞やテレビでもかなり大きく報道され、かうしたことをわれわれ日本人は当り前のことのやうに受け止めてゐますが、世界史的視野から見た場合、平城遷都以降「千三百年」の年数だけ見ても、わが皇室の連続性は他国にはない大変なことなのです。平城遷都から百年遡れば前述の法隆寺ゆかりの聖徳太子の時代です。太子とは皇太子のことで、聖徳太子は推古天皇の皇太子でした。推古天皇が第三十三代ですから、その前に三十二代の天皇がをられる訳です。皇統（天皇のお血筋・御系譜）の連続性は「千三百年」どころではないのです。

日本古代史の泰斗《たいと》・坂本太郎先生に『日本歴史の特性』と題する御本があります（講談社学術文庫―昭和六十一年刊―）。諸雑誌に発表された玉稿を集めたもので、その冒頭の一章はそのまま「日本歴史の特性」がタイトルですが、その中で「連綿性」continuityを「日本歴史のいちじるしい特性である」として第一に挙げてをられます。具体的には①皇統の連綿性②古来の神社と寺院③律令的な政治制度④文化財の保存に触れつつ、連綿性（「古代的なものが今に伝わってよく残っておる」、「伝統が長く続いておる」）といふ「日本歴史のいちじるしい特性」

を説かれるのですが、①の「皇統の連綿性」について次のやうに記されてゐます（「王朝交代論批判」）。

その第一の国体は、皇統が変わらない、つまり万世一系であるということが中心です。今の人は万世一系なんて何のことかわからないかもしれません。今の世の中ではほとんど口にされないことでありますが、しかし日本の国として重要な事実であって、深く考え研究もしなければならぬことであります。

坂本先生は古代史の専門家として、さまざまな例証を挙げられた上で、「『古事記』『日本書紀』の伝えることを信ずることにいささかも不安をもたないのであります」云々と記述されてゐます。今上陛下を第百二十五代とするのは、神武天皇を初代とするところから数へてのことなのですが、さうした国の始まりは『古事記』『日本書紀』が伝へてゐることです。『古事記』『日本書紀』の文献としての成立は七世紀初めで、そこには記録時代以前からの古い伝承―帝紀（皇室系譜の古記）・旧辞（各氏族が伝へた記録）など―が反映されてゐます。さうした古い伝承から説き起して、今上陛下を第百二十五代の天皇と仰いでゐるのが日本の国なのです。坂本先生は「天皇には氏がない」、もし王朝が変ったとすれば「前の王朝は何某《なにがし》、新しい王朝の氏は何某」といふやうに名乗ったはずだとも述べてをられます。確かに王朝が次々に交代したシナ大陸では、例へば漢王朝は劉氏、隋王朝は楊氏、唐王朝は李氏、宋王朝は趙氏、明王朝は朱氏……と言ったやうに出自が伝はってゐます。「易姓革命」で、そもそも前王朝を否定することに自らの拠って立つ根拠を示す訳ですから連続性が浮上する余地など初めからあり得ません。よく中国四千年の歴史と言ひますが、視点を変へれば四千年の断絶の歴史といふことになります。「皇統が変わらない、つまり万世一系であるということ」は、まさにわが国ならではの大きな特性なのです。伊勢の神宮での式年遷宮が今日まで続いてゐるのも皇統の連綿性と深く関連してゐます。

前に被占領期（主権喪失期）に公布された日本国憲法が内包する致命的な欠陥を指摘しましたが、その憲法でさへ「第一章 天皇」となってゐます。この第一章があることで辛うじて「日本国」憲法たり得てゐるのです。

万世一系の事実

それでは天皇陛下は日々何をなされておいでなのでせうか。産経新聞の朝刊には「天皇、皇后両陛下ご動静」といふ欄があって前日の御動静が宮内庁発表分として掲載されてゐます。宮内庁のホームページには「天皇皇后両陛下のご日程」の項がありまして、平成元年一月からのご日程を拝見することができます。ぜひ一見されることをお勧めいたします。新聞やテレビなどのマス・メディアが派手に報じる政府の動きや国会での内閣と各政党との論戦などとは次元を異にして国の統合のためのお役目を果たされる陛下の御日常を拝察することができます。国がひとつにまとまってゐるから安心して政党政派は論戦を続けることができるのです。

「国がひとつにまとまる」ことも、日本では当然視されてゐますが、世界的に見れば実に幸せなことであり、他国と違って日本の為政者は「国をまとめる、国を統合する」重い任務を免れてゐるのです。この点も各国の実情を良く良く観察してほしいと思ひます。中には、武力をちらつかせたり言論統制によってまとめてゐる国もあれば、それさへ叶わず流血の惨事が繰り返されてゐるところもあります。宮内庁ホームページ「天皇皇后両陛下のご日程」の平成十七年一月からは「宮中祭祀」についても掲載されてをり、改めて「万世一系」の皇統に目を開かせられる思ひがいたします。

宮中祭祀とは皇居で行はれる神祭りのことです。皇居には宮中三殿と言ひまして皇祖神・天照大御神をお祭りする「賢所《かしこどころ》」、歴代天皇・皇族の御霊《みたま》をお祭りする「皇霊殿」、八百万《やほよろづ》神《がみ》をお祭りする「神殿」があります。さらに附属して境内に神嘉殿《しんかでん》・神楽舎《かぐらしや》・綾綺殿《りようきでん》などがあります。元日早朝の四方拝《しほうはい》・歳旦祭《さいたんさい》から大晦日の大祓《おほはらひ》まで、陛下御自らがお祭りされるもの（大祭）、掌典長―宮中祭祀を司る掌典職の長―がお祭りし陛下が拝礼なさるもの（小祭）など、陛下のお出ましは年間三十回余りといふことです（宮内庁のホームページ「宮中祭祀」「主要祭儀一覧」等参照）。

最も重い祭儀と言はれる十一月二十三日の新嘗祭《にひなめさい》について少し触れますと、陛下が神嘉殿において新穀を天照大御神を初め八百万神にお供へして奉告感謝し、陛下御自らがそれを召上るのが新嘗祭です。『日本書紀』巻第二には、天孫（皇祖神・天照大御神の御孫）の瓊瓊杵尊《ににぎのみこと》が高天原から降《くだ》って来られる際に、天照大御神から稲穂を託《ことづか》ったといふことが記されてゐます。

「天照大御神―□―瓊瓊杵尊―□―□―初代の神武天皇」と御系譜は続きますから、陛下が年毎の新嘗祭で新穀をお供へするのは、ことしもこのやうに穣《みの》りましたと文字通り「御祖先への奉告」なのです。そして新穀には旺盛な生命力がこもってゐると考へられますから、新穀を口にされることで陛下の神々を祭られるお力は旧に復して蘇るといふことなのです。年々、齢を重ねられ肉体は衰へますが、祭祀のお力に変りはないのです。

陛下が皇居内の水田でお田植ゑ、お刈り取りなされるお写真を目にされた人も少なくないと思ひますが、新嘗祭には陛下が種籾を蒔かれる段階から栽培された稲穂も供へられるといふことです（この新嘗祭に対応するのが二月十七日の祈年祭《きねんさい》で、秋の穣《みの》りが豊かならんことを祈願なされるお祭りです。どちらも紆余曲折を経て現在に至ってゐますが、法制度的な起源は大宝元年〈七〇一〉の大宝令〈神祇令〉まで遡ります。さらにその本源はもっと遡るはずです。今日の祝日法―国民の祝日に関する法律―では十一月二十三日を「勤労感謝の日」と定め「勤労をたつとび、生産を祝い、国民たがいに感謝しあう」としてゐますが、秋の穣りを神々に感謝する新嘗祭の伝統を抜きに語ることはできません）。

今上陛下が毎年なされるお祭りの中に、先帝（御父）・第百二十四代の昭和天皇祭（一月七日）、第百二十三代の大正天皇祭（十二月二十五日）、第百二十二代の明治天皇祭（七月三十日）、第百二十一代の孝明天皇祭（一月三十日）、そして初代の神武天皇祭（四月三日）があります。それぞれ崩御相当日に営まれる祭祀で、昭和天皇祭と神武天皇祭が大祭で、他は小祭だといふことです。年毎の「先帝祭」と「先帝前三代の例祭」に加へて、初代の神武天皇を毎年お祭りされるといふのはまさに「皇統の連綿性」を示すものですが、四代前の高祖父・孝明天皇よりも以前の御歴代の場合はと言ひますと、左のやうに百年ごとの式年祭が宮中で厳修されてゐます。

平成　十七年　十月　十二日（第九十代）　亀山天皇七百年式年祭
平成　十八年　四月　三十日（第十七代）　履中天皇千六百年式年祭
平成　十九年　一月　十三日（第五十代）　桓武天皇千二百年式年祭
　　　　　　　　　　　　　九日（第二十五代）　武烈天皇千五百年式年祭
　　　　　　　七月二十二日（第四十二代）　文武天皇千三百年式年祭
　　　　　　　八月　十六日（第七十三代）　堀河天皇九百年式年祭
平成　二十年　三月二十三日（第六十五代）　花山天皇千年式年祭
　　　　　　　八月三十一日（第五代）　孝昭天皇二千四百年式年祭

平成二十二年　九月　十八日（第九十四代）後二条天皇七百年式年祭
一月　十六日（第百十三代）東山天皇三百年式年祭
二月　十三日（第十八代）反正天皇千六百年式年祭
二十三日（第六代）孝安天皇二千三百年式年祭
四月　一日（第十五代）応神天皇千七百年年式年祭
平成二十三年　七月三十一日（第六十六代）一條天皇千年式年祭
平成二十四年　七月　三十日（第百二十二代）明治天皇百年式年祭
平成二十五年十二月二十四日（第百十七代）後桜町天皇二百年式年祭

これらの祭祀の日程を御覧になって、いかが思はれますか。式年祭当日には御陵墓でも勅使が参向して祭儀が行はれます。

皇霊殿では掌典長が祭典を行ひ陛下が拝礼なさる小祭とのことですが、祭儀の数日前には式年祭をお迎へになった天皇の御事績について，両陛下は専門の歴史学者から御進講を受けてをられます。前に引用した「皇統が変わらない、つまり万世一系であるということ」は「日本の国として重要な事実」であるとの、坂本先生の御本の一節を思ひ出して下さい。

かうした百年ごとの式年祭は、年毎の神武天皇祭、さらには毎年の元日早朝、冷気募る中で皇祖神・天照御大神を拝される四方拝・歳旦祭と表裏してゐることは言ふまでもありません。「今の人は万世一系なんて何のことかわからないかもしれません。今の世の中ではほとんど口にされないことでありますが…」とも先生は記されゐます。

確かに学校で教った記憶は私にはありません。しかし、かうした世界史的に稀有どころか絶無と言ってもいい「日本歴史の特性」に目が向けられないとしたら、いかにも惜しいことではありませんか。国民として怠慢ではありませんか。

連綿と続く祈りの御系譜

畏れ多いことですが、歴代の天皇はどのやうなお心持ちで皇位に即《つ》かれてゐるのでせうか。歴代の天皇が詠まれたお歌（御製）が多く残されてゐます。詩歌は作者の心（感情）の表現ですから、御製を味はふことで歴代天皇の御心に触れることができると思ひます（小田村寅二郎・小柳陽太郎編『歴代天皇の御歌』、国民文化研究会編『平成の大みうたを仰ぐ』一・二を参照）。

昭和天皇が昭和五十年の「歌会始―祭―」で、御発表になられた御製は

　わが庭の宮居《みやゐ》にまつる神々に世の平らぎを祈る朝々

といふものでした。皇居内の宮中三殿にお祭りする皇祖神・天照大御神をはじめ歴代天皇の御神霊、八百万《やほよろづ》の神々へ朝毎に真向はれて、国の平安を祈られるお心が拝されるお歌で、当

時新聞で拝読して強く印象づけられましたし、話題にもなりました。
今上陛下の平成十八年「年頭御発表」八首の御製の中に

歳旦祭

明け初むる賢所《かしこどころ》の庭の面《も》は雪積む中にかがり火赤し

といふお歌がありました。歳旦祭《さいたんさい》は五穀豊穣と国民安寧を祈って元日早朝に行はれる年始めの祭儀で、まだ暗い五時半ごろからとのことです。一日で一番冷え込むのは日の出前ですが、少しづつ夜が白んで来たのでせうか。残雪の中に篝火《かがりび》がほのかに赤く浮き立って見える…。赤い篝火を遙かに想ひ描くだけで冷気の厳しさが、同時に祭祀の厳粛さが迫って参ります。
右の御製を紙面で拝読した際に、次の大正天皇のお歌（大正十年）が思ひ浮びました。

社頭暁《しやとうのあかつき》

神まつるわが白妙《しろたへ》の袖の上にかつうすれ行くみあかしのかげ

夜が明けて来て篝火のつくる影が次第に薄らいで行く。歳旦祭の折の御製でせうか。祈りの切実さが伝はって来るやうで、襟を正さしめられるお歌ではないでせうか。

前掲の『歴代天皇の御歌』から少し掲げてみます。

後嵯峨天皇（第八十八代）　文永二年（一二六五）
河辺なるあらぶる神にみそぎして民しづかにと祈るけふかな

伏見天皇（第九十二代）　延慶三年（一三一〇）
世をまもる神のこころをかへりみておろかにたらぬ身をぞ恐るる

後醍醐天皇（第九十六代）　建武二年（一三三五）
みじか夜ははやあけがたと思ふにも心にかかる朝まつりごと

後花園天皇（第百二代）　永享九年（一四三七）
よろづ民うれへなかれと朝ごとにいのるこころを神やうくらむ

後奈良天皇（第百五代）　天文十一年（一五四二）
愚かなる身も今さらにそのかみのかしこき世世の跡をしぞ思ふ

霊元天皇（第百十二代）　元禄七年（一六九四）
おこたらず祈る手向けの言の葉はおろかなるをも神やうくらむ

御桜町天皇（第百十七代）　明和六年（一七六九）
おろかなる心ながらも国民《くにたみ》のなほやすかれとおもふあけくれ

孝明天皇（第百二十一代）　安政元年（一八五四）

あさゆふに民やすかれとおもふ身のこころにかかる異国《ことこく》の船

明治天皇（第百二十二代）　明治三十九年（一九〇六）

国民のうへやすかれと思ふにもいのるは神のまもりなりけり

これらの御製から「民しづかに」「よろづ民うれへなかれ」「国民のうへやすかれ」と祈念せられる御心が変ることなく歴史を貫いてゐることがお分りいただけると思ひます。武家政治の時代にあっても、その祈りは続けられてゐたのです（しかも「おろかにたらぬ身」「愚かなる身」「おろかなる心ながらも」…と内省的で謙抑《けんよく》的です）。皇統の連綿性、即ち万世一系は御系譜の連綿性であり、同時に「祈り」の連綿性でもあるのです。

もう一度坂本先生のお言葉を引用します。「万世一系であること」は「今の世の中ではほとんど口にされないことでありますが、しかし日本の国として重要な事実であって、深く考え研究もしなければならぬことであります」。

「民主的で文化的な国家」から「歴史的な国家」へ

地球上には多くの国があります。その中でわが国ほど古くからの連続性に裏付けられた国はないのではないかと思ひます。太古からの生きた連綿性こそ、わが国の最大の特性だと思ひます。日本滞在五十年に及んだスイス人のトーマス・インモースは「深い泉の国」と形容してゐます。しかし、このことに気づかずに、新奇なものに目を奪はれて足元を見ることを等閑《なほざり》にしてゐるやうに思はれてなりません。新奇のものに何らの不安も覚えずに飛び付けるのは文化の根が深い証拠ではありますが、それに甘えて「小学校から英語を！」などと自らの足元を崩しながら安穏と暮らしてゐるのが今の日本人なのではないでせうか。

商業ビルに譬へれば、今の私どもが暮してゐる「眼に見える日本」は地下一～二階から上の日々活用されてゐる店舗部分に相当します。しかしビルは眼には見えない基礎工事が施されてゐます。深く確《しつか》りとした基礎によってビルは安定し、耐震性も高まります。ビルが高層になればなるほど基礎工事の重要性は増して基礎は深くなってゐるはずです。ふだんは基礎工事の意味も有り難さも忘れがちですが、ビルは直接は利用できない目には見えない基礎に支へられてゐることを見落してなりません。

要するに今日の日本は精神的には過去との深く長いつながりに支へられてゐるといふことです。本質的な難点を抱へた「日本国憲法」に覆はれてゐながらも、国が安定してゐるのは国の根っこが深いからだと思ひます。しかし、いつまでも甘えてゐていいのでせうか。

「憲法第一章」の文面は何に由来してゐるのでせうか。そもそも憲法はconstitutionの訳語で、国柄・国体（共同体の「遺伝的」体質、国の個性）の意味もあります。constitutionは個人で言へば、体格・体質・素質・性《たち》（骨太の体格、虚弱体質、性《たち》が良いなどの先天的遺伝的に受け継いだもの）の意味もあります。即ち、歴史的共同体（国家）が代々受け継いで来た基本的ルールが本来の憲法なのです。前述のやうに多くの問題点を孕《はら》んでゐる現憲法ではありますが、縦の時系列で連続性の視点で読めば自づから別の視界が開けてくると思ひます。そのことに気づいて欲しいといふことで、拙見を述べさせてもらひました。

蛇足ながら最後に一言。高く評価すべき教育基本法の改正でしたが、改正法にも「民主的で文化的な国家」云々とありました。旧法に「民主的で文化的な国家」云々とあったことに引きずられたのかも知れませんが、われわれ国民が心に思ひ描く自画像としては、わが日本国は「歴史的な国家」である、ではないでせうか。「民主的で文化的な国家」ではあまりにも表層的に過ぎます。「歴史的な国家・日本の後継者（形成者）を育てる」とすることで国民教育の焦点は定まるものと考へます。かつて、国民教育の眼目は「歴史的国家の後継者の育成」にあると訴へた（『日本文化』第十五号、平成十六年一月）ことがありますが、やはり国民教育の焦点はそこにしかないと思ひます。

第五章　戦後を吟味する――なぜ、かくも「断絶」へと歩を進めるのか――

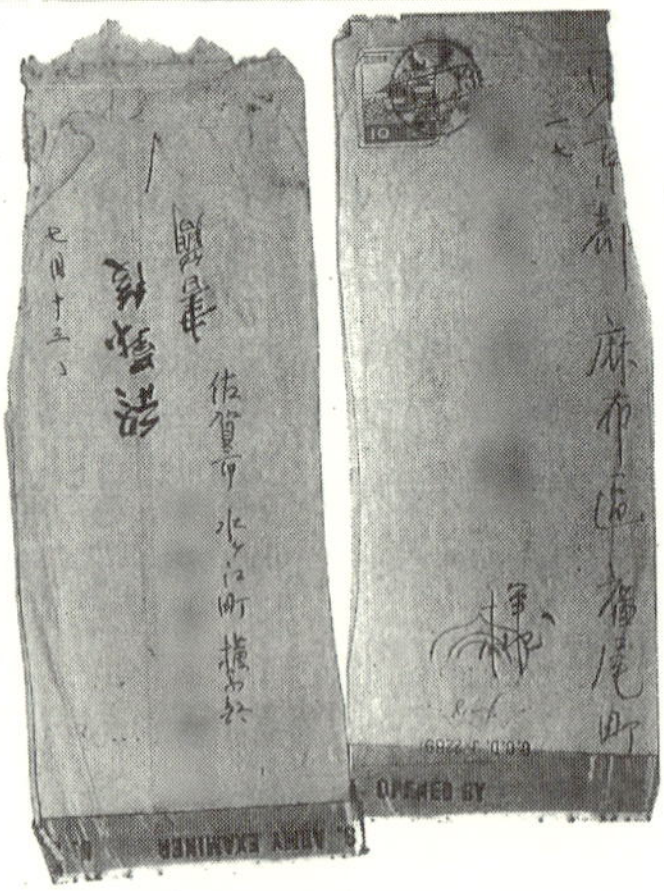

GHQGによって開封された「21・7・13」の消印が押された手紙

新聞や書籍などの検閲を担当したGHQのCCD（民間検閲支隊）は「伏字」を許さず検閲を秘匿したが、個人の書簡も開封してゐた。OPENED BY US ARMY EXAMINER（米国陸軍検査官により開封）と書かれたテープが貼られてゐて、個人に関しては覗き見したことは隠されなかった。日本人が何を考へてゐるか気になったのだらうか。GHQの力の強大さを見せつけようとしたのだらうか。CCDの下で六千人の日本人が働いてゐたと言はれる。

このGHQが起草した「日本国憲法」第二十一条二項には「検閲は、これをしてはならない。通信の秘密は、これを侵してはならない」と麗々しく書かれてゐる。

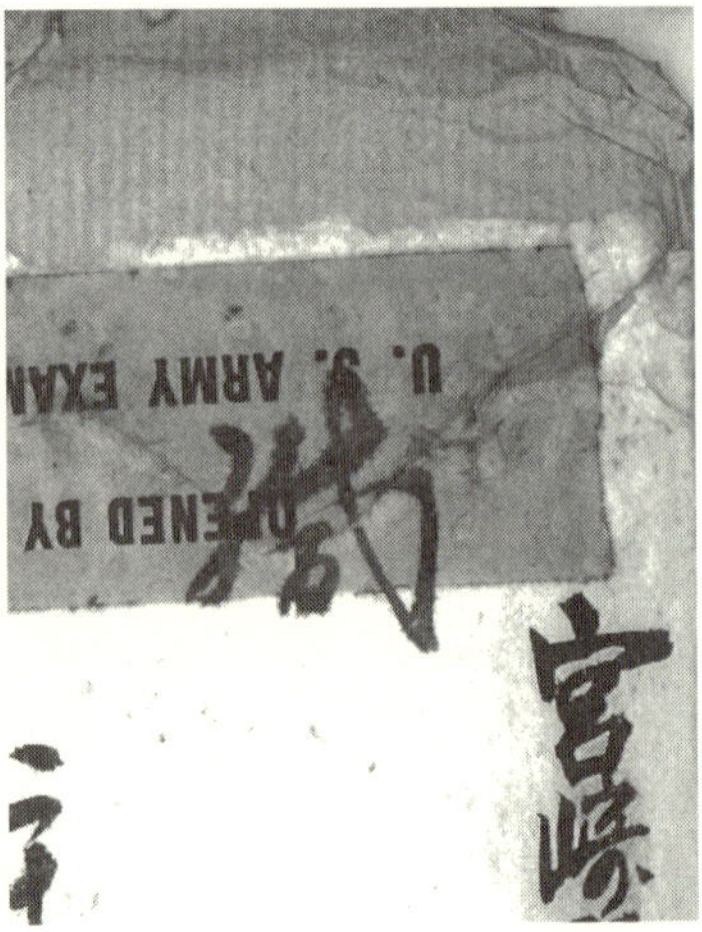

封緘のところに貼られた開封済みを示すテープ（消印は「21・8・2」）

「国内最大規模のハロウィンの行列」！

さしづめ「盆踊り」といったところだらうが…

「子供も最後まで参加してくれて良かったです」と、我が子の手を引いた若い母親がうれしさうに語ってゐた。

数年前の十月末の日曜日だった。たまたま目にした夕方のテレビのニュースはまちまちの格好をして歩く集団を写し出してゐた。聞き耳を立てると、京浜東北線川崎駅前の商店街を抜けて市役所前までの約千五百メートルを歩くハロウィンの仮装行列とのことだった。「三千人もの人たちによるパレードは国内では最大規模とのことです」といふナレーションに続いて登場したのが冒頭の母子連れだった。二十年近く前からの催しらしい。

二月の聖バレンタインデーがさうであるやうに、国内でハロウィン行事とは極めて日本的な現象だなあと思はずため息がもれた。

聖バレンタインデーでは「義理チョコ」とか、一ヶ月後のお返しの「ホワイトデー」とか、とすっかり日本人の生活に溶け込んだ感じがする。事前に、保護者に宛て「二月十四日にはチョコを持たせないで下さい」とのプリントを配る小学校や幼稚園・保育園もあるといふ。三世紀、キリスト教禁制時代のローマ帝国で殉教した聖バレンタインに由来する日であって、そこには厳粛さを伴ふ一面があるはずである。人々の苦悩を和らげたバレンタインは「恋の悩み」も解決してくれる…！　恋人同士が贈り物を交換する日で、その前には揃って教会で祈りを捧げることだらう。しかし、日本では専ら身近な男性にチョコレートを配る微笑ましい行事となってゐる。「本命チョコ」などといふこともあるらしいが、多くは単なる「遊び」となってゐる。洋菓子メーカーの作戦は大当たりであった（それと知らずに留学先で日本流を実行して誤解された女子学生の話は笑ふに笑へない悲喜劇だ）。

ハロウィンに関しては、アクセサリー・ショップなどでそれらしき小物類が売られてゐることは承知してゐたが、商店街を仮装の行列が練り歩くまでになってゐるとは知らなかった。日本人のことだから今後、各地で商店街の後押しもあって、さらに広がって行くことだらう。

ハロウィンは万聖節《オール・セインツ・デー》（ハロウマス、十一月一日）の宵祭りのこと。殉教したすべての聖人を祈念するもので、もともとは秋の収穫を祝ひ悪霊を追ひ出す古代ケルトに発する祭儀に由来すると言はれ、翌十一月二日の万霊節《オール・ソウルズ・デー》（死者のために祈る日）へと続くものである。わが国で言へばお盆に相当する「死者の霊を祀る聖なる（非日常的なハレの）時節」である。そこには死と生に関るある種の厳粛さが伴はれてゐるはずである。米国でことに盛んであると言はれる「かぼちゃ提灯」や仮装パーティーは、さしづめ日本の盆提灯と盆踊りといったところだらうか。

盆踊りも、本来的に単なる夏の納涼行事でないことは言ふまでもない。来訪した亡き人のみ霊《たま》を供養し、み霊を慰めるべくひとつになって踊りながら「わが命の重みを感じ取る」といふ本質を内に秘めてゐる。

ハロウィンの仮装行列を盛り上げようと趣向を凝らす商店街の旦那衆はとにかく目立ってマスコミが採り上げるなどして客が来てくれればいいのだらうし、街が賑々しく活況を呈することは良いことだ。しかし、なぜ日本人はかくも安易に「ハロウィン」に飛びつくのかと、画面を見ながら考へてしまった。

二十数年前の夏から始まった、細身のヤマトナデシコが肌も露《あらは》に褐色半裸の外人男女と一緒になって腰をくねらせる「浅草カーニバル」にも違和感を否めなかったが、高天原のアメノウズメノミコトもさもありなんと思って驚かないやうにして来たら、近年はその報道に接すると今年も「はや、その季節の到来か」と思ふやうになるから、われながら心許ない次第である。カーニバルといふ言葉自体が日本では派手なパレードを意味してゐるが、もともとは古いヨーロッパの春の農耕儀礼が後にキリスト教信仰と習合したものと言はれてゐる。そこには宗教民俗学的な要素が深くからみあったものだが、日本では異国風の華やかな行進といった感じで受け止められてゐる。

「面白い仮装コンクールになるだけさ！」

振り返ってみれば、わが国は神代のむかしから海の外の「常世《とこよ》の国」に憧れ、そこから渡来するものを「良きもの」として受容して来た。宦官《かんがん》と科挙制度以外は何でも受け容れたと言はれるほどに受容して来た（歴史的に考へれば宦官と科挙制度を受け入れなかったといふことは大変な慧眼であったと言へる）。「楽しくなければテレビでない！」とは某民放局のキャッチ・フレーズだったが、そのひそみで言へば「楽しくなければ人生でない！」のも事実だから、どこの商店街で何をしようがいちいち目くじらを立てるのも大人気ないことではある。むしろ和製ハロウィンなどは日本人の文化的摂取能力の果しない深さと柔軟性を証明するものかも知れないのだ。

実際、来るもの拒まずでありながら、歴史的に日本は「シナ化」することなく日本として存続して来た。漢字の伝来によって文字文化の洗礼を受けても、国語の語法・体系は揺がず漢字（音）にさらに訓《よみ》（やまとことば）をつけ、国語の文字表現を豊かにして来た。仮名文字は生れるべくして生れたのだ。同じく漢字を入れながら自らの訓（よみ）を付け得なかった朝鮮半島などの実情を思ひ浮べるとわが先人の摂取能力の深さがいよいよ明瞭となる。そればかりか、漢文（外国語文）でさへ「レ」点と「ヲ・コ・ト」点を付けて「日本語」として読んで来た。従って、わが日本人の対外的な文化摂取能力は確かで信頼するに足ると言ひたいのである。

たとへば仏教は明らかに「日本仏教」としてほぼ完璧に換骨奪胎された。似て非なるものになってゐる。毎年、時を定めてみ霊をお迎へし供応するお盆やお彼岸を仏典では説き明かすことはできない。「葬式仏教」とて江戸時代の寺請制度の結果といふだけでは説明できない。寺請制度でキリシタン禁制から来る檀家制度は説明できても、葬式仏教は説き明かせない。「最高の真理を体得した目覚めた者」＝「覚者《かくしや》」を意味する「仏《ほとけ》」の語が、そのまま「死者」を意味するほどに変質してゐる。どんなに親兄弟を泣かせた極道者であっても、死ねば「つひにホトケになったか」と言って人びとが合掌するのが「日本仏教」である。人間で「仏」(覚者)になり得たのはお釈迦様ただ一人であるはずなのに、「生理的な死」を以て万人を「仏」と呼ぶまで日本の仏教は堕落した！と仏教哲学の専門研究者がいくら指摘しても、日本では死者は当然のやうに「仏」と呼ばれ拝まれてゐる。

年忌法要で僧侶の読みあげるお経の意味内容と参列者の胸中の思ひとの乖離を指摘したのは柳田国男だった。この世に未練がましく彷徨《さまよ》はずにはやく「往生安楽国」へ往っておしまひなさいと僧侶が唱へてゐるのに、日々の生業に忙しかった参会者は日頃のご無沙汰を詫びるかのやうに亡き人を身近に感じてその相貌を思ひ描きながら読経に耳を傾けてゐる。柳田は言ふ、「あの棚経の言葉が陳芬漢《ちんぷんかん》で、死者にも生者にもよく通じなかったので、せめて気まづい思ひをすることが少なかったからよいが、詳しく意味が判ったらびっくりせずには居られなかったらう、と思ってもよい程に、寺と在家の計画はちがって居たのである」(『先祖の話』)と。

キリストの生誕にちなむクリスマス(聖誕節)も振り返ってみれば実質的には家族間やごく親しい友人同士による小忘年会の趣があるし、子供達が心待ちにしてゐるサンタクロースからの贈り物も一足早い「正月様」「歳神様《としがみ》」の来訪と言へなくもない。聖バレンタインデーは「チョコレートの日」になり義理チョコなる言葉が飛び交ふまでに日本化した。数年前のローカル・ニュースの伝へるところでは、高さ十五メートル余の巨大クリスマス・ツリーの飾り付けが、まづは神主さんのお祓ひから始ってゐた。だから、ハロウィンだって単なる面白い仮装コンクールになるだけさ、何も気にすることはないよ、との見方も当然あり得るだらう。

和製「ハロウィン」を生み出した背景

だがしかしである。ハロウィンの「本場」でいとも容易く他国の宗教的行事を模倣するだらうかといふことである。クリスマスがさうであるやうに、本来の聖なる要素とはまったく無関係に「楽しさうなところ」「倣《まね》しやすいところ」だけを取り出して、日本人のやうに異国の宗教的風習を容易に模倣するだらうかといふことである。

最近は師走の声とともにサンタクロースや星などをかたどったけばけばしい飾り電灯が住宅地の視覚上の静寂を破り、次いでクリスマス・リースが玄関にぶら下げられる。しかし、クリスマス・リースを下げた同じ門口に、その数日後には松飾りがあるのを目にして「やはり、さうだったのか」と、変に安心させられたりもする。そこに排他的な一神教文化と受容的共存的な多神教文化との相違といふ重大要因が横たはってゐるにしても、われわれはあまりに気軽に外に跳び付き過ぎてはゐないだらうか。

　要するに、わが子とともに仮装行列に参加できたと嬉々として語る若い母親が、お彼岸やお盆、鎮守の祭礼といった伝統的な習俗にどれだけの心理的アクセントをおいてゐるかといふことである。その母親は果してハロウィンが内包してゐる「聖なるもの」を感じ取ってゐたのだらうか。「坊さんのお経なんて陰気くさくて退屈だわ、畳だと足が痛くなるし、ハロウィンの仮装パレードは子供も喜ぶし見るだけでも楽しい」とまでは、勿論テレビの母親は言はなかったが、もしさう言ったとしてもをかしくないほどに現代生活は伝統的な「ハレ（聖なる日、特別なことをするために仕事を休み衣食住の改まる日、非日常）とケ（ふだんの日、仕事に励む日、日常）の感覚」と隔絶してゐるやうに思はれてならないのである。

　戦後の教育環境では、伝統的で非日常的な「聖なるもの」を感じ取ることは専ら家庭の教育に委ねられ、それは宗教色があるから公教育は関与してはならないとされて来た。それが六十余年続いた。そこで育ったものが親になれば、家庭教育も変って来るだらう。勿論、社寺に伝はる地域の習俗的な歌や踊りが「民俗芸能」といふことで教育活動に取り入れられてゐる所はある。しかし、こと国全体に関することでは何もして来なかった。近代的国民国家を内から支へる国民相互の連帯感の醸成には、戦後日本の公教育は無力だった。敢へて関心を示さなかった。経時的（縦の時系列的）に物事を考へることを忌避して来た。「国民の祝日」についての法律はあっても、学校では何らの行事もなく祝日はオマケの日曜日で単なる休日に過ぎなかった。

国民の祝日はいはば「近代国家のハレの日」であって、「国民こぞって祝い、感謝し、又は記念する日」が祝日であると祝日法第一条には書かれてゐる。祝日は結果的には「休日化」してゐても、建前としてはどうしても「その日」でなければならない具体的な歴史的事実を踏まへてゐるはずである。全部と言はないが、千年以上の前史を持つ祝日がいくつもある。日取りこそが祝日の生命であるが、一部祝日の「月曜日化」（年間十五日の祝日の中の四日）によって祝日の空洞化（休日化）に一層の拍車がかかってゐる。

祝日はイコール休日ではなかったはずが、月曜日化することで土日月の三連休をつくったのだから、祝日の名称は残っても日曜日に続く単なる休日となってしまった。特別のハレの日なのだといふ祝日の建前が一部にせよ完璧に崩れてしまった。わが国ほどに祝日を粗末に扱ってゐる国はないのではないか。それでゐてハロウィンの行列である（祝日の月曜日化によって、大学では逆に祝日に授業を行ふやうになった。各曜日とも授業を年間三十回は実施すべしとする評価機関・大学基準協会の方針から、月曜日化した祝日に限らず授業回数を確保するために祝日に授業をせざるを得ないのである。これによっても祝日を軽視されることとなった。「授業がない」といふことで、消極的ながら「特別の日」を意識させて来たのに、平日並に授業するのだから、二重の意味で祝日は空洞化してゐる）。

「国及び地方公共団体の設置する学校は、特定の宗教のための宗教教育その他の宗教的活動をしてはならない」とする旧教育基本法第九条（二項）は曲解され続け、修学旅行で神社仏閣を巡るのは問題だなどと組合員（日教組）教師が公言するかと思へば、さらに彼らは昭和天皇崩御の際にはこれ見よがしに「弔意の強制に反対します」と書いたポスターを貼り出したりもした。給食時の「いただきます」の合掌さへ槍玉に挙げた者がゐた。

憲法や教育基本法の擁護を隠れ蓑に、「公序良俗」の破壊を狙ふ偏向した政治主義（日教組的思想）が居座はる学校のすぐ外では、功利主義、実用主義、商業主義の、客寄せしか念頭にない、これまた伝統軽視の暴風が吹き荒れてゐる。ここ二十余年は、さらに国際化・グローバリズム…の声が喧しくも加はって、嵐は激しくなる一方である。漂ふ泡沫《うたかた》のやうな「国内最大規模のハロウィン・パレード」は、まさに日本的かつ「戦後」的な現象といった感じに見えて仕方がないのである。歴史的に見て、わが日本人の対外的な文化摂取能力は信頼するに足ると思ひながらも、やはり気になるのである。

一　変した国民的自画像

ポツダム宣言「受諾」前と後との落差

古代の遣唐使は波濤をものともせず大陸に渡った。途中で波間に消えてしまった使節もあったが、二百年余で十五回が渡海した。かつて海は障壁ともなったし順風を得ればまたとない通ひ路ともなった。いかに来るもの拒まずで、さまざまな文物を受け入れたと言っても、現代のやうに一日二十四時間、絶え間なく各種のメディアやツールを通して茶の間の中にまで「外国」が怒濤のごとくに押し寄せる「情報化」の荒波から見れば、江戸期の儒学者の中に漢土を「中華」と憧憬し自国を「東夷」と呼んだ者がゐたり蘭学者がオランダ正月を祝ったりしてゐたとしても、日本列島の情報空間はずっと「堅固な城壁」に守られてゐたと言ってもいいだらう。何せ情報量が限られてゐたし、さらに何より重要なことは、総体として日本人は父祖伝来の生き方にいささかの迷ひも引け目も感じてゐなかったことである。この点が、明治開国までの、否、昭和二十年までの日本人と、それ以後のわれわれとの決定的な違ひである。

勿論、明治十年代初めには「われわれには歴史がありません。これから始まるのです」と御雇ひ外人教師に告げた若者がゐた（『ベルツの日記』）し、明治の中頃には英語公用語論やローマ字国字論などが唱へられて「迷ひ」の存在が徐々に明らかになって来る。その後はさらに社会主義思想に劣等感を抱くインテリが出て、大正期から昭和初年には外国崇拝の思想的影響が高等教育機関や官界に少なからず力を持つまでになってはゐた。昭和十年代、東京帝国大学法学部での「憲法学」の講義では、帝国憲法第一条から第四条までの歴史的な「国柄」に関る条文がテキストに記載されてをらず、従って講義もなされてゐなかった（小田村寅二郎著『昭和史に刻むわれらが道統』。かうした知的エリートが後述のやうな「GHQによる日本国民の哲学破壊」路線に乗って脚光を浴びることになるのだが）。

しかし、それらはまだまだ「上」からの啓蒙的議論にとどまってゐたと見ていいだらう。ところが、昭和二十年八月のポツダム宣言受諾以後、様相は一変する。国民的な自画像は一変する。結論からさきに言へば、「根」の部分に手を入れられ、父祖伝来の生き方からできるだけ距離を置くことがこれからの「民主的な」日本人の好ましい生き方であると押し並べて思ひ込んでしまったのである。

GHQは本気で「日本」を料理しようとしてゐた

以前、「戦後思想」について、次のやうに定義したことがあった（拙著『「深い泉の国」の文化学—日本の思想と文化—』第三章）。

わが国民の無類の拝外的な対外的無警戒と、敗戦後とくに顕著になった外国（戦勝国）からの影響（情報操作）とが、相乗積となって、わが国民の頭と心を蝕んでゐる刹那的唯物的な見方や感じ方。

前述のやうに、もともと「拝外的」なほどに外に対して無警戒で受容的であったわけだが、そこに（イ）物理的強制力を伴ったGHQ（連合国最高司令官総司令部、米国軍を主体とする占領軍）による意図的組織的な「日本人洗脳計画」が実施されたこと＝それは軍事作戦さながらの「敵国国民の哲学の破砕すなわち精神的武装解除までも意図するものであった」（佐瀬昌盛・井尻千男・大原康男・高橋史朗共著『新しい歴史像の創造』、富士社会教育センター）＝、（ロ）そして、その線に沿って一切の言論機関が検閲下に置かれ、「日本国民の哲学」の粉砕に向けて報道界出版界が総動員されたこと、（ハ）さうした主権喪失の占領が六年八ヶ月（昭和二十年九月二日〜昭和二十七年四月二十八日）にも及んだこと等々によって、わが国民の頭と心は手も無くやられてしまった。当初は「日本の敗北は単に産業と科学の劣性と原爆のゆえであるという信念が行き渡っていた」（ＧＨＱの月報、前掲書）はずだが、その信念が根こそぎ取り払はれてしまったのである。

先年（平成十年十二月）、ＧＨＱのスタッフだったプランゲ博士が持ち帰った検閲関係文書（米国メリーランド大学のプランゲ文庫）の里帰り展が都内であった。赤や青の鉛筆でDELETEデリート（削除）とかHOLDホールド（保留）とかの書き込まれた校正刷りを目にしたが、検閲の対象が書籍や新聞に限らず青年団会報や婦人会だより等々まで及んでゐて驚いた。しかし、驚くことではなかった。彼らは「日本と日本人」を料理しようと、「日本国民の哲学」を破砕しようと、本気になって乗り込んで来てゐたのだから。問題は、占領統治が終ったあとも、そのままＧＨＱ流の価値観を多くの日本人自身が引きずってゐることである。この検閲作業には悲しいことだが多くの日本人スタッフが関係してゐたはずである。

里帰り展のパンフレットに「プランゲ文庫が検閲処分の実態を示すまたとない資料群であ

ることは云うまでもありません」とあったのは当然として、「…と同時に、それらは長い抑圧の時代をくぐり抜けてきた戦後の日本人のあらゆる人びとの解放と新生の息吹を伝える貴重な資料でもあります」とあったのには、あきれてしまった（傍点、山内）。検閲は「日本人洗脳計画」の実施であり、その資料は「日本国民の哲学の破砕を意図した精神的武装解除」工作の存在を雄弁に物語るもの以外の何ものでもないはずなのにである。どうして「戦後の日本人の解放と新生の息吹を伝える資料」などと言へるのだらうか。それも「戦後の日本人のあらゆる人びとの…」とあるのだから、主客転倒の世迷ひ言もここに極まれりと言ふほかなかった。

　現憲法、日本国憲法がＧＨＱの起草した帝国憲法改正案に基づくものであることは紛れもない事実である。しかしＧＨＱが憲法草案を起草した事実を公然と書くことは許されず、書いても検閲で削られていた。ＧＨＱは「言論の自由」を装ってゐたから、その検閲は削除箇所を「××××であった」といふやうに伏せ字することを許さないもので検閲の存在自体も隠すものだった。現在、『広辞苑』で「検閲」の項を引くと「…日本国憲法ではこれを禁止」などと書かれてゐるが、確かに昭和二十二年五月の公布された日本国憲法第二一条二項に「検閲は、これはしてはならない。通信の秘密は、これを侵してはならない」との文字はあっても、その下で検閲が厳然と実施されてゐたし、個人の郵便物も開封されてゐたのである（本章扉裏（一五八頁）の写真を参照）。

一般には隠されたＧＨＱ起草の事実が、今やＧＨＱが日本政府の帝国憲法改正案を「拒否して」「それに代わって」自ら憲法草案を作成したとどの教科書にも「事実」が書かれてゐる。しかし、それは日本側の改正案が「明治憲法の根本的しくみをかえるものではなかった」からだとして、ＧＨＱの「日本国民の哲学」粉砕方針を全面肯定する記述となってゐる（例へば高等学校「現代政治・経済」、清水書院）。占領下にあって検閲で削除し隠さなければならなかったことが、白日の下で逆転して当然のことだったとして堂々と教室で教へられてゐる。

北朝鮮による邦人拉致やミサイル発射、尖閣諸島略取を目論む中国の露骨な動き、それに加へて相対的な米国の退潮などもあって、特に安全保障環境の変化から、「平和を愛する諸国民の公正と信義に信頼して、われらの安全と生存を保持しようと決意した」（前文）などと謳ふ現憲法のままでいいのかとの声がやうやく政界でも広がりつつある。かつては政党幹部ならまだしも、現職大臣が憲法改正を口にすることはタブーだったが、今では閣僚が憲法見直しを公言しても首が飛ぶやうなことはなくなった。

その意味では様変りした。自民党が「国防軍を保持する」ことを明記した改正草案を公表する（平成二十四年四月）ところまで、憲法論議は変化して来た。平成十九年五月には「日本国憲法の改正手続に関する法律」（国民投票法）が成立してゐる。

どう考へても第九条の戦力不保持の規定は、ポツダム宣言受諾時の武装解除状態の永続を狙ったものだった。米国その他の国々が軍備の充実をはかるといふのに、日本は「非武装」

であるべしといふことだったからである。それを「平和憲法」などとして来た空論から遅まきながら目覚めつつある。

しかし、六十八年前、終戦連絡中央事務局次長としてGHQと渡り合ふ場にゐた白洲次郎が「斯ノ如クシテコノ敗戦最露出ノ憲法案ハ生ル『今に見ていろ』ト云フ気持抑へ切レスヒソカニ涙ス」と手記に記し、帝国憲法改正案（GHQ起草原案に基づく「日本国憲法」案）が貴族院で議決された際、一瞬の静寂のあと議場に嗚咽が洩れたといふ「先人の口惜しさと涙」への痛切なる共感があるかと言へば、現状では必ずしもあるとは言へない。

「先人の口惜しさと涙」を起点にしない憲法論議ではいくら遣り取りが活発であっても、魂の入ったものにはならないだらう。国の安全保障といふ外部的観点も憲法論議に不可欠ではあるが、それと同時に、先人の屈辱を払ひ除けなければならないと思ふ気持ちが国内に行き渡らなければ、地に足をつけた憲法論議にはならないだらう。

「大東亜戦争」の復権、いまだし

GHQが検閲で徹底的に排除しようとした「大東亜戦争」といふ呼称は、出版界の一部では近年目につくやうにはなって来たが、マス・メディアはもとより政官界、教育界（教科書）などの日常的に人目につく表舞台では避けられ依然として復権してはゐない。大東亜戦争といふ用語の禁止は「『大東亜戦争』といふ固有の価値観を持つことを封殺し、『太平洋戦争』

といふ『新しい歴史』観を持つことを強要したことを意味してゐる」(前出『新しい歴史像の創造』)。

言ふまでもなく大東亜戦争では「わが日本の勝利」が目指すべき目標となるが、太平洋戦争では「日本打倒！」がすべてに優先するから、わが国の置かれた立場は全く逆になる。単なる語句の入れ替へでは済まされない。「太平洋戦争」の語を常用してゐるうちに、いつの間にか「『大東亜戦争』という固有の価値観」が見えなくなってゐるのである。現在、もし大臣が「大東亜戦争」なる語句を使って国会で答弁したとしたら、「戦前の価値観でケシカラン」となって釈明に追はれ、それだけで三〜四日、審議が中断しかねないのではないか。

数年前、授業の中で「戦争に負けたことは残念なことであった」と語ったところ、一学生から「先生、負けて良かったのに、なぜ残念だったと言ふのですか」と抗議めいた質問を受けたことがあった。「日本国民の哲学」の粉砕を意図したGHQの「日本打倒！」といふ太平洋戦争史観は見事に成功してゐる。

広く人々が日常的に見るテレビドラマを見れば、いまなほ大東亜戦争が死語であることがいよいよ明らかになる。なるほど「大東亜戦争」の語句が出て来ることはある。しかしそれは「間違ってゐた時代」を表徴する言葉としてであって、否定の対象でしかない。そして、敗れたことで「やうやく正しい時代が始まることになった！」と言はんばかりである。戦争なんかしなければ、苦労せずにすんだのに、といったところが最大公約数だらう。

通商条約の廃棄通告（昭和十四年七月）後も石油やくず鉄などを手に入れるべく対米交渉に恋々としてゐた日本に対して、早くから対日開戦の国家意志を確立してゐた米国の存在が全く見えなくなってゐるのだ。そこではわが国の前途に立ちはだかった敵国の政治的な意図と意志がすっぽり抜け墜ちて、大東亜戦争はさながら「自滅の一人芝居」となってゐる。

「戦前と違ふ」ことを強調して実現した教育基本法の改正

日本は負けることで間違ひが正されたといふ基調低音は、打倒日本を目指して戦った旧敵国の太平洋戦争史観そのものである。従って、ＧＨＱ製の「新しい歴史」観を疑はうとしない戦後の教育では、先人の生き方考へ方を仰ぐのではなく、それとは逆に考へたり行動しなければならないと常に説きつづけて憚らなかった。二度と戦前のやうになってはいけない！と。最近ではあまり耳にしなくなった言ひ方だが、それは言ふ必要がないほど「断絶」が当然のこととして行き渡ったからだらう。

平成十八年十二月に、被占領期の昭和二十二年三月に制定されて以来、全く手が付けられなかった教育基本法が改められるといふ画期的なことがあった（改正法の方が遙かに良くなってゐる—本書第四章「日本歴史の特性」で詳述—）。しかし、その国会審議の過程では「戦前のやうになることはない」—「戦前とは違ふ戦後」が幾度となく確認され、改めて「断絶」の大きさが明らかになるといふ皮肉なことになってゐた。

昭和二十年を境に日本人の国民的自画像は一変したといふのは、この意味である。国のために死力を尽した先人の行為は、本来は次の世代の若者を鼓舞する良きお手本となるはずなのだが、大東亜戦争全否定の「新しい歴史」観の浸透で、負けるとも知らずに必死に戦った気の毒な、あってはならない犠牲者の行為となってしまった。個人レベルでは立派な祖父母・曾祖父母であっても、公的なレベル、すなはち国民の先輩としては手本にはならないのである。わが国の公教育は六十年余の長きにわたって公私相伴った仰ぐべき模範的な国民像を呈示できないままでゐるのだ。

国のために尽力した先人に習って、それに恥かしくない立派な国民にならうではないか！と、よその国では当り前すぎるほど当り前ことが日本では教壇から語られることなく年月を重ねてゐる。戦前のやうになってはいけない！と信じ込んでゐるのだから「戦前戦後を貫いて変らざる国民像」を次の世代に示せるはずがなかった。平成十七年十一月、小泉内閣当時「皇室典範に関する有識者会議」がまとめた報告書なども、「歴史の連続性を探る」ことよりも、戦後的視点（日本国憲法）に大きく傾いた典型的な断絶論だった。総体としての日本人は大きな「迷ひ」の渦中にあるといふ他はないのである。

「断絶」を強調したがる病的な議員心理

このやうに戦後のわが国では、過去との根を切断することを使嗾され自らもそれを善しと思ひ込んだところに、功利性実用性オンリーの商業主義が押し寄せた。そして、その波に上手く乗ってゐれば喰ふには困ることはないといふ自由貿易体制がもたらした僥倖《ぎょうこう》にも恵まれた。そこにまた、年々質量ともに深化する情報化の荒波が次々に「楽しい話題」を運んで来た。従ってその日その日を楽しく（根無し草的に）やり過ごすやうになったとしても不思議ではない。

卑近な例ではあるが、茶髪（最近は保護者からして染めてゐる場合が多く中高生に対する染髪禁止の指導はほとんどお手上げ?）、信仰とは無関係のキリスト教会的挙式（和製ハロウィンの先輩格！）。テレビドラマがまた推奨してゐる！）、マス・メディアの殊更なる元号無視（国際化を口実にしてゐるが本音は別で伝統的国柄の破壊にある！）、アイデアを競ふが如き新式葬儀と墓石のデザイン（所謂自己決定権なる考へから業者が煽る！）、「ＪＲ線」「ＪＡ」「ハローワーク」「ＪＴＢ」等々の物言ひや表記、……、和製ハロウィンの他にも首を傾げたくなることは数多ごまんとある。そのひとつひとつは大したことではないやうだが、ここに「使へる英語」＝英会話力の養成を切望する産業経済界の声に応へんと文部科学省が音頭を取っての「小学校からの英語教育導入」（平成二十三年度から）となれば、ハロウィンの仮装に興じる母子に目を細めてばかりはをられないはずである。

かつて福田恆存が講演の中で、「背広を着てネクタイをしめて働き、蛍光灯の下で生活するわれわれのどこに日本があるのだらうか、日本語の中にしか日本はないではないのか」と語ってゐたことを思ひ起す。悪筆の私が言ふのも何だが、たとへばパソコン（ワープロ）が情報教育の名の下で小学校から導入されたことで、「ひらがな」「カタカナ」の正書法や漢字の「形」「書き順」を通して父祖からの「変らざる規範」を丹念に学ぶ最も基本的な機会が軽視されてゐる。まして、そこではローマ字入力が一般的だ。

だからこそ意図的にも国語教育に時間を割くべきなのに、週一時間とは言へ「小学校英語」が五、六年生で実施されてゐる。中学校では指導要領が定める「硬筆習字」を教へてゐない学校が、次々に明らかになってゐる。限られた授業時間の中で小学校への英語導入など論外（本書の第六章「『小学校英語』必修化の無謀」で詳述）だが、中学校でも英語に注がれるエネルギーの三分の一でも国語に振り向けられたら、わが国の公教育は格段に充実するのではないかなどと思ってしまふ。

小中高の教員などとひと言ふた言、言葉を交はせばすぐに判ることではあるが、それは教員だけでなく世の大人たちのほとんどにも当てはまることだし、さらには与野党を問はず国会議員の圧倒的多数（全員？と言ったらやはり言ひ過ぎか）にも言へることだと思ふが、彼らは戦前の考へ方や生き方を斬って捨てたところに戦後の「平和日本」があると心底から思ひ込んでゐる。「戦前戦後を貫くもの」といふ発想自体を持たない。完全に根が切れてゐる（本質的には繫がってゐるのだが、それ故に国家国民の「統合」が保たれ、与野党が口角泡を飛ばす論戦ができてゐるのだが、意識の上では切れてゐる）。

ポツダム宣言受諾から半世紀以上経ち、既に平和条約の締結で決着済みである事柄をわざわざ俎上にあげて、国会が二度までも（平成七年―終戦後五十年―、平成十七年―終戦六十年―）戦争反省決議を重ねた根底には、戦前とは違ふ「戦後日本」を強調しなければ収まらない病的なまでに「断絶」を強調したがる議員心理が働いてゐる。反省とは体裁がいいが、要するに戦前を悪しざまに言ふことで自らの潔白を言ひ立ててゐるに過ぎないのだ。悪しき戦前への自らのアリバイづくりだったと見ていいだらう。「河野談話」「村山談話」なども全く同じ病理の産物であって、事実を検証することよりも頭を下げることが先行した不様な作文といふ他はなかった。他国を出し抜くことが罷り通る国際社会で自らすすんで餌食になるやうなものだった。

それも父母や祖父母、曽祖父母を「悪者にして」、自らは良い子にならうと言ふのだから、腐臭プンプンの作文だった。物言はぬ先人のために、ひと言あって然るべき子や孫、曽孫の世代が、他者と一緒になって冷たい視線を向け、非難の言葉を投げかけたのだから人倫にも反する狂態であった。さらにまた世の不条理を批判する立場のマス・メディアの大勢が逆に唆《そその》したのだから、狂態にブレーキが利くはずもなかった。

総理の靖国神社参拝をめぐる国外からの内政干渉的論難に対して国民世論の反発の声が沸騰しない現実も、戦前と戦後を総体的に捉へる自画像が結ばれてゐないからである。従って、戦歿者の追悼といふ国家独立の聖域への干渉は許し難いとはならないのだ。それどころか、新しい追悼施設建設を叫ぶ超党派の議員連盟まで結成されてゐる。これまたマス・メディアが後押しをした（国外から論難と言っても、昭和六十年まではなかったし、それも中韓に限られるのだが）。

かつて伝来した大陸文化に動じることのなかった累代先人達の歴史的経験はあるにしても、現代日本人は大きな「迷ひ」に囚はれてゐる点で、以前とは根本的に違ってゐると思ふ。先人に倣《なら》はうとはせずに、先人と違った生き方をすることに価値があると思ひ込んでゐる。さうしたところに千波万波の情報化の大波が、「日本と日本人」を貶めようとする悪意に満ちた謀略宣伝（例へば「南京」「強制連行」「慰安婦」など。ここでは外からの声に受容的に対応しがちな伝統的な日本人的体質が大きくマイナスに作用してゐる。受容的態度がさらに度を超して相手に同化してしまふ者も少なくない）を含みながら、列島全体を覆ってゐる。かうして状況下での無邪気なハロウィンの仮装行列であった。こんなことで、日本人としての気構へは大丈夫なのか、謀略宣伝の情報戦に立ち向へるのか、などとついつい考へてしまふのである。

日本国憲法は残置諜者！だった

「戦争を道徳的に反省した国」

前項で昭和二十年のポツダム宣言受諾を境にして「国民的自画像が一変した」旨を記した。しかし、いかにＧＨＱの権力的な情報操作（検閲）が周到に実施されたからといって、一夜にして国民の観念が変るはずがない。検閲を前に沈黙を強いられたにしても手の平を返すやうに直ちに観念が変り「迷ひ」に陥るはずがない。昭和二十年を境に一変したといふよりも、昭和二十年を起点として、別の日本人になるべくひたすら「断絶」に向って突き進んだといった方が真相に近いだらう。

この間、六十余年、間もなく七十年になる今日まで一度として断絶への歩みを止めたことはなかったのではないか。その結果、「戦前を否定したところに『平和日本』がある」「大東亜戦争の敗北で正しい、良い時代の幕が開いた」といった観念（歴史認識、自画像）が行き渡り、国会までもが再度に渡って「他国民に与えた多大な苦難を深く反省し…」（戦後六十年決議）云々と過ち多き戦前と違ふ戦後を強調する決議をするまでになったのである。平和条約を結んだ意味合ひが全く考へられてゐない。「戦争を道徳的に反省した国はありませんし、反省するべきではありません。政治と道徳は峻別されるべきものだからです」（吉田好克「日本待望論」、『日本への回帰』第四十二集所収）とする世界の常識から大きく逸れた独善に、わが国は陥ってしまったのである。

日本に乗り込んで来た戦勝国が旧敵日本を内から支へた「日本国民の哲学」を粉砕して「再ビ米国ノ脅威（中略）トナラザルコトヲ確実ニスルコト」（米国の初期対日政策）を狙って、様々な策を弄することはその立場に立てば当然のことである。日本人の間に「日本は生れ変らねばならない」といふ観念が染み込めばそれだけ「米国ノ脅威」は減少する。「根のない日本人」、すなはち「生れ変らねばならぬと思ひ込んでゐる日本人」など怖くも何ともないはずだからである。

しかし、断絶を大いに唆《そそのか》した占領が六年八ヶ月の長期に及んだとはいへ、それだけの期間だったはずである。にもかかはらず、なぜ「わが国民の頭と心は手も無くやられてしまった」のだらうか。占領統治が終ったあとも、どうしてGHQ製の「日本国民の哲学」破砕の意図=「連続性否定の観念」で世が覆はれてゐるのだらうか。しかもその度合は年々深まっていく。

「断絶」は主権回復（**独立**）**後に一層深まって行った**

表（一）を見ていただきたい。

ここでは仮にGHQ製の「新しい歴史」観から派生する〈日本は生れ変らねばならないといふ自己認識〉を〝**断絶史観**〟とし、ポツダム宣言受諾直後の「敗北は産業と科学の劣性と原爆のゆえである」（GHQ月報）と受け止めた当初の立場を〈敗北の真因を探り足らざる点を補はうとする自己認識〉と理解して〝**連続史観**〟としてみた。右から左への横方向は〈時間の経過〉を示し、上から下への縦方向は〈断絶史観の浸透度〉を連続史観と対比する形で表示したものである。

勿論イメージであるが、徐々に断絶史観の割合が大きくなり、その勢ひは昭和二十七年四月に、占領が終りGHQが不在になっても一向に変らず、年々連続史観を追ひ詰めてゐる。すなはち「占領統治の影響」のピークは占領末期にあったのではなく、占領終了後においても時間の経過とともに断絶史観は増殖を続けて連続史観を圧倒して行ったといふことである。当初、外からの強制（検閲の実施）によって日本人の意識の表層を覆ってゐたはずの断絶史観が次第次第に染み込んで戦後日本の牢固たる信念にまでなったといふことを言ひたいのである。

所謂謝罪外交、戦争反省の国会決議、河野談話、村山談話、新追悼施設構想…等々は、昭和二十年代・三十年代、否、昭和四十年代にあっては、予想だにできなかったことであって、かうした政治的愚行の連続は断絶史観が進行形的により深く浸透して行った事実を証明するものに他ならない。さうした断絶史観の深まりを憂へる人たちが東京裁判史観なる呼称で批判し始めたのは昭和五十年代の初め頃からだったはずだ（それ以前に東京裁判史観なる言ひ方はそれほど一般的ではなかった）。自虐史観とか反日史観といふ言ひ方が一般化するのはもっと後のこと。謝罪外交などといふ言葉も昭和六十年前後からではなかっただらうか。いづれも断絶史観の増殖を懸念する声の表れ

表（一）

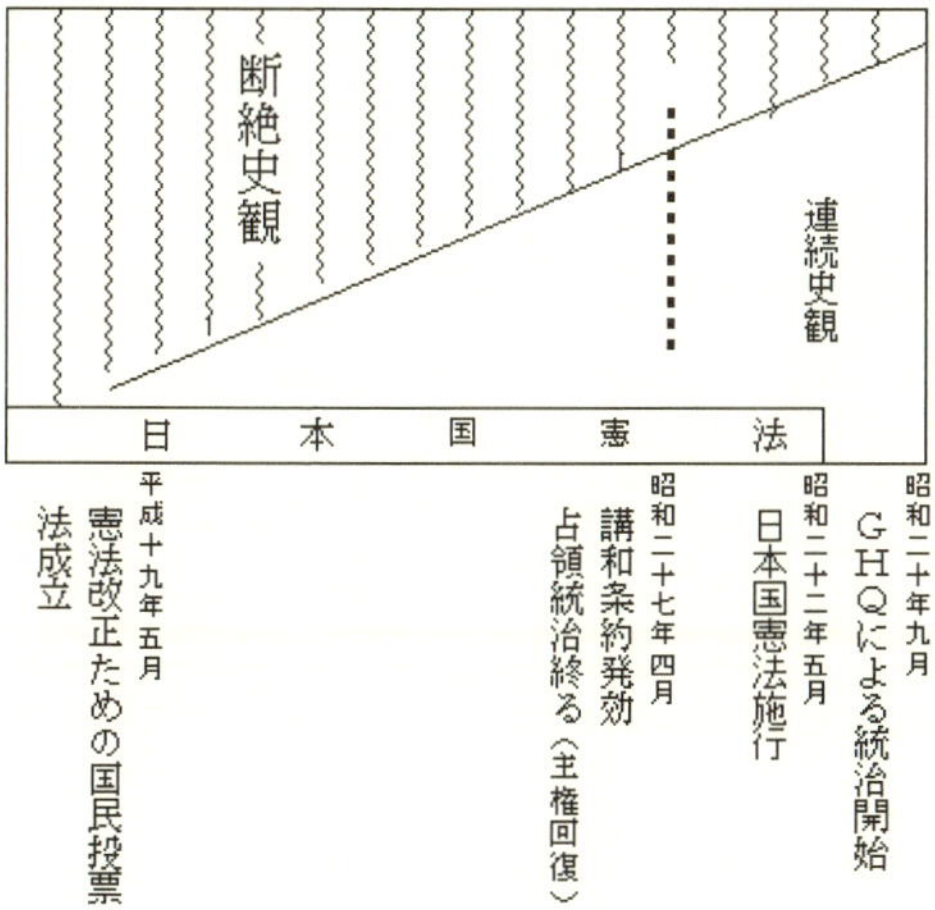

であった。

占領末期にピークを迎へるはずの断絶史観が、主権回復後においても浸透の勢ひを少しも衰へることなく年とともに連続史観を圧倒して行った理由は何処にあるのだらうか。やはり被占領期における「日本国憲法の施行」といふ事実にあったといふ他はない。すなはち**表(一)**で示したやうに日本国憲法が被占領期にも主権回復後にもまたがってゐるため、講和条約発効＝主権回復といふ「絶対的な節目」が見えにくくなってゐるのだ。同じ憲法の下で同一の理念なり考へ方によって貫かれた同質の時代となってしまったのである。主権の有無が霞んでしまってゐる。そして、ＧＨＱの検閲体制そのままの価値観をその後も引きずるマス・メディアは、絶対的節目を曖昧にすることにずうっと力を藉してゐる。

残置諜者といふ用語がある。辞典には「敵の様子を探るため、そのまま残して置くスパイ」とあるが、まさに日本国憲法が主権回復後の日本でその役割を演じて、ＧＨＱ不在の中で断絶史観を後押ししてゐると言ひたいのである。それは改正に衆参両院の総員三分の二以上の賛同を要するといふ硬性憲法でもある。

枢密院の議を経たり帝国憲法第七十三条の改正条項に依拠したりして、あくまでも帝国憲法の改正手順に添った形で公布・施行されてはゐるが、日本国憲法がＧＨＱ製であることは今さら多言を要しない。旧敵日本を内から支へた「日本国民の哲学」を破砕して「再ビ米国ノ脅威（中略）トナラザルコトヲ確実ニスルコト」を狙ふ占領行政の中で強要されたもので、出生からして問題を孕む日本国憲法ではあった。さうであっても「憲法」であるが故に独立回復後も立法・行政・司法その他万般の拠りどころとされたのである。

この間、教育現場では小学校段階から高校まで繰り返し繰り返し日本国憲法の誕生こそが戦後の正当性を物語るものと説いて止まなかった。国民主権・平和主義・基本的人権の尊重の「憲法の三つの基本原理」こそ、悪しき戦前と戦後を隔てるキーワードとして強調され続けたのである。

曰く「三つの基本原理」を盛り込んだ「まったく新しい憲法」の制定によって「日本は、世界に普遍的に通用する内容の憲法をもつことになった」（高校「政治経済」、実教出版）などと。学校に限らず政治の場でも日本国憲法に戦前との決別の証を見たのであった。日本国憲法を「世界に普遍的に通用する内容の憲法」と見るのは甚だしい戦後日本的な独善であって、帝国憲法の方がおよそ憲法としてはバランスがとれてゐるのである。

世界の立憲制史からも遊離した現行の憲法学習の問題点については、他の章（第四章「日本歴史の特性」）でも触れたが、この日本国憲法が存在する限り「戦前戦後を貫いて変らざる国民像」が結ばれる日は決して来ないと断言できる。

もし日本国憲法がなかったら

もしＧＨＱが戦時国際法の「…占領者は絶対的な支障がない限り、占領地の現行法律を尊重して、なるべく公共の秩序及び生活を回復確保する為、施せる一切の手段を尽さなければならない」（ハーグ陸戦法規第四十三条）との規定を遵守して帝国憲法に手を付けることなく占領行政を行ったとしたら、どうなってゐたであらうか。それが**表（二）**である。占領統治の開始は同じであっても、状況は大いに変って来る。「占領統治管理令」と言った行政命令が布告されたことだらう。

当然に帝国憲法は停止されたであらうが、講和条約の発効によって法理上からもごく自然に復活することになる。この場合は断絶史観（占領統治の影響）のピークは占領終結の時点となり、その後は次第に影響力を弱めて行ったことだらう。帝国憲法の復活によって〈敗北の真因を探り足らざる点を補はう〉とする連続史観が活性化するからである。

ないものねだりのやうだが、日本国憲法が講和条約発効の前後を覆ってゐることで見えなくなってゐるものをキチンと押さへておく必要がある。憲法問題をより立体的に把握するためにもＧＨＱが帝国憲法に手を付けなかったたらどうなってゐたかの検討は不可欠である。

大学生時代に受講した政治学の授業の中で「講和条約発効時に、時の吉田茂内閣が日本国憲法は披占領期のもので占領国を管理するための基本法にとどまる、独立の回復を以て日本国憲法は無効となったと宣言すれば、ただちに帝国憲法が復活したはずなのに何もしなかった」と教授が歯痒さうに述べてゐたのを思ひ出す（昭和四十年のことだから、今にして思へば、講和条約発効からわづか十三年後のことだった）。主権の回復時に帝国憲法を復活すべきだったとの

表（二）

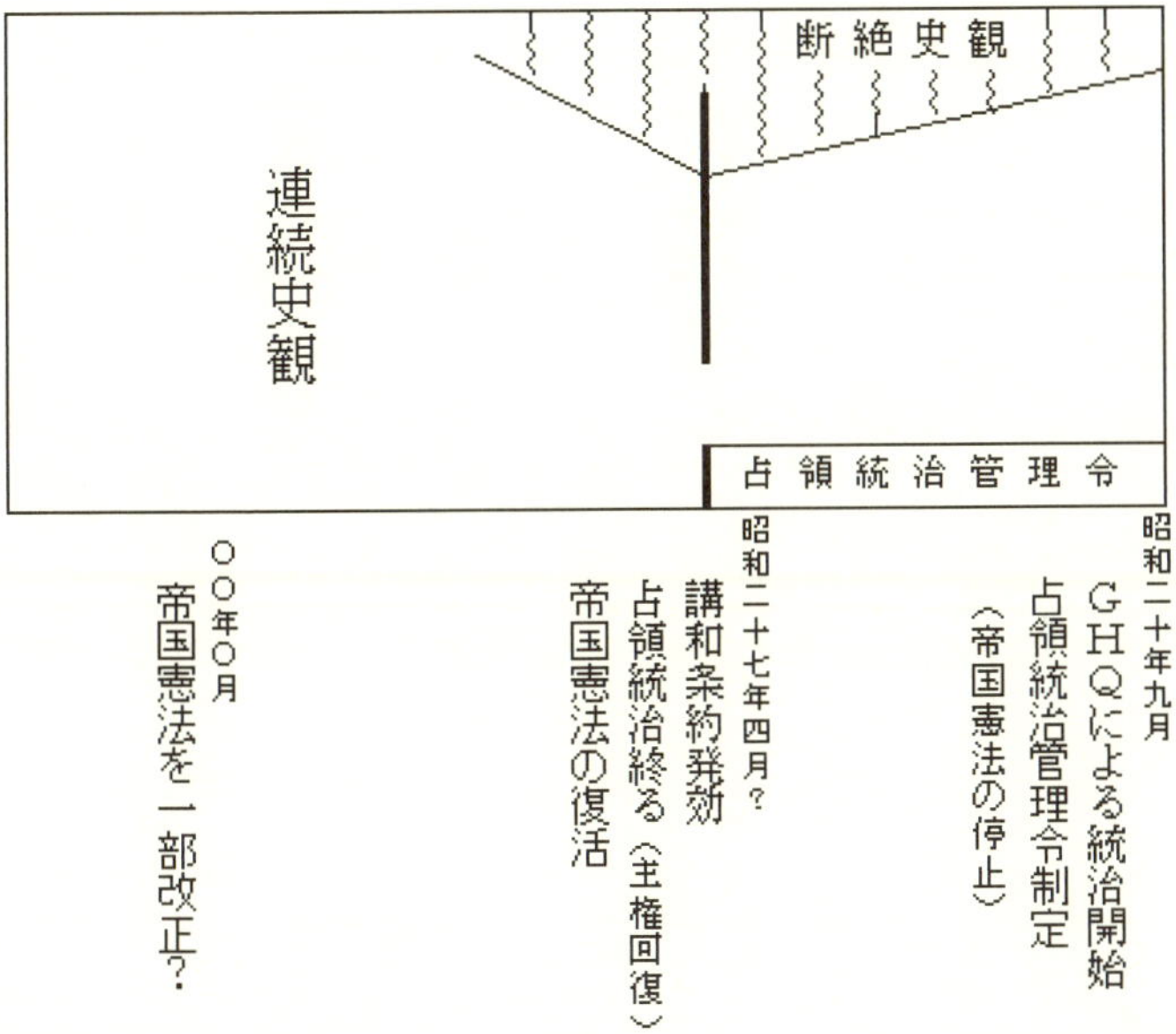

法理は十分に筋が通ってゐる。しかしながら、帝国憲法の改正といふ建前で公布施行されて「憲法」を僭称する日本国憲法といふ名の「占領統治管理令」がその後も生き続け、そのことにさして疑念も抱かず今日まで六十余年を閲《けみ》したのである。

さらにここに世代交代の要素が加はる。年ごとに生活の実体験者が減少するから、ますます連続史観は衰へ断絶史観がはびこるわけである。

前述のした教育基本法の改正が「戦前と違ふ戦後」を確認した上で実現したやうに、憲法改正論議がタブーではなくなった大きな要因は、北朝鮮による邦人拉致やミサイル発射、核保有国中国の軍備増強等々の外因にもよるが、国内的には戦前との「断絶」が当然ことになったからではないのか。改憲に一番熱心な自民党の改正草案を見ても、国家のあり方を正面から見据えた良案ではあるが、表（一）の現実を後追ひするから帝国憲法との法的整合性など端《はな》から考へてゐないやうだ。日本国憲法が帝国憲法の「改正」であったことすら忘れてゐる（忘れたふりをしてゐる）感じである。

近年憲法改正論議がタブーではなくなったことはもとより歓迎すべきことだが、そこに帝国憲法云々の法理を持ち込まうとすれば議論は忽ち冷めてしまふのではなからうか。「今は日本国憲法をどう改めるかの議論であって、昔の憲法は関係ない」と。忽ち復古調の改憲論とのレッテルが貼られるのがオチだらう。かつて自民党事務局が作成した改正草案（平成十六年十一月）には「いまだ見られる『復古的』との誤解を完全に払拭するためにも、又、あくまでも今回の憲法改正が現憲法の『発展』であることを明確にするためにも、現行憲法の三つの基本原理を今後とも堅持する」云々とあった。この時の事務局案は未定稿のたたき台であったとはいへ、これが憲法改正問題に取り組む自民党の本音である。

主権喪失期に帝国憲法に手を付けられたことはわが国にとって最悪のシナリオだった。そのGHQの横暴を正すのが憲法問題の本質であり原点のはずであるが、憲法論議の現状は「恐がって」原点に立ち戻らうとせずに焦点を曖昧にしたまま議論だけを重ねてゐるといった感じである。ここでも完全に根が切れてゐる。学生時代に耳にした「帝国憲法の復元（しかるのち改正）こそ不易の法理である」といふ憲法学の老教授の声が甦って来て仕方がない。

主権回復の日、すなはち昭和二十七年四月二十八日の朝日新聞の社説は「占領という最大の重圧はここに解けた。主権の回復によって、永く失われていた自らの政治を再びわが手に固く握ることができた」と、独立の意義に触れてはゐたが、何よりも喜ばしいとしたのは「かつての日本とちがった」国になったことだと断絶を手放しで礼賛してゐた。

曰く「何よりも新たに強調されねばならぬことは、その政治の主権は、かつての日本とちがって、国民自身の手中にあるということである。よろこびは、いわば二重のものである。たゞ単に昔の日本に還ったのではなく、新しい日本に再生したのである」と。「昔の日本」ではない日本、根の無くなった日本、日本国憲法下の「新しい日本」を絶賛してゐた。

もう一度言はう、ＧＨＱが帝国憲法に手を付けずに暫定的な「占領統治管理令」で占領行政を実施してゐたら、どうなってゐただらうか。憲法改正論議をより幅広く客観的なものとするためにも、よくよく考へてみなければなるまい。少なくとも右の朝日新聞の社説はなかった。といふことは断絶史観が入り込む余地もなかったといふことである。帝国憲法が復活するのだから当然である。

現在も日本国憲法の「監視」は続く

今も昭和天皇の御大葬の折（平成元年二月）のある光景が脳裡に焼き付いてゐて忘れられない。

「葬場殿の儀」は神式による皇室行事で行はれるが、引き続く「大喪の礼」は国の儀式であるから無宗教であらねばならないとして、鳥居を取り払った上で内外の参列者の拝礼が行はれたのである。憲法第二十条〈政教分離〉から来る政府（竹下登内閣）の判断だった。憲法を遵守したら伝統が損はれる！そんな馬鹿なと言ひたくなることが、実際にあったのである。

テレビを通して「小ぶりの鳥居」が外される様子を見守ったが、この時ほど憲法がわが国の伝統を損ってゐると強く感じたことはなかった。この鳥居にしても初めは無かったのだが、亡き陛下の御葬儀に際してその御意向を全く拝察しようとしない内閣の事なかれ主義が厳しく指摘されて、やうやく遠慮がちに建てられたのだった。日本国憲法が残置諜者であることを物語るまさに象徴的な光景だった。国会では神式の葬場殿の儀に三権の長が参列すのは憲法違反にならないのかとの質問が出てゐたし、翌年の大嘗祭についても似た議論がなされた。県知事と県議会議長が参列したのは憲法違反だから旅費その他を返還せよと県民から訴訟が起されたケースもあった。靖国神社の参拝についても〈政教分離〉を云々する人たちがゐる。

歴史的国家の大事、御大葬の際の「鳥居」に始って町内会が祭礼時に奉納する「金一封」に至るまで、大から小までわが国のハレ（非日常）に彩りを添へて来た醇風美俗が憲法といふ名の篩《ふるひ》にかけられてゐる。憲法は今日も国中でにらみを利かせてゐる。これを残置諜者と言はずして何と呼ぶべきか。勿論、ここには国籍は日本ながらもＧＨＱに魂を抜かれたままの生身の残置諜者がゐるわけだが、彼らの拠り所が法治国家の最高法規「憲法」であるところに、日本国憲法が内包する残置諜者としての本質が如実に示されてゐる。卒業式での日の丸・君が代に揶揄を入れる教員グループが拠り所とするのも憲法第一九条〈思想・良心の自由〉である。

長らく日本の手足を縛って来た第九条による物理的武装解除はまだ目に見える。著名な某々氏らが「九条の会」を作って第九条の擁護をどんなに頑固に主張しても、旧連合国の軍備拡充ぶりを目の当りにしては国民の目は欺けない。核保有国・中国の海軍力増強や北の核実験を前にしては、いくら何でも第九条〈戦力の不保持〉のままで結構だとはならないだらう。しかし、憲法を根拠に言ひつのる文化破壊・精神的武装解除は目に見えないだけに厄介だ。物理的武装解除以上に意味が重いのが精神的武装解除である。これが現実のものとなったら国家は容易なことでは立ち直ることができないだらう。

朝日新聞が昭和二十七年の主権回復の日に掲げた「たゞ単に昔の日本に還ったのではなく、新しい日本に再生したのである」とのGHQの対日占領政策と同根の社説は、今から振り返れば「上」からの文字通り教科書的な「あるべき願望的日本論」だったはずである。しかし、それから六十年余り経った今日、同じ言説を目にすると「かつての日本とちがって…新しい日本として再生したのである」との文字が確かな「予言だった」かのやうに感じられる。当時よりも現在の日本人の方が遥かに違和感なく、抵抗感ほとんどゼロで「その通りだった」と受け止めるのではなからうか。**表（一）**で示した左下りの斜線をいま一度見ていただきたい。教科書的で啓蒙的で根っ子の無かった朝日の社説、「あるべき日本論」を今日現在を見通した確かな予言までに格上げしたのは日本国憲法といふ残置諜者が主権回復後も君臨してゐたからである。

占領下の帝国憲法「改正」（日本国憲法の施行）は最悪のシナリオだった

無邪気この上ない和製ハロウィンの行列に触発されて拙考を書き連ねてみた。憲法論にまで行くとは思はずに書き出したのであったが、日本国憲法の存在がわが国の本質と国民の精神生活を大きく歪めてゐることに改めて慄然とさせられた。やはりＧＨＱ統治下の日本にとって「帝国憲法の改正」＝「日本国憲法の施行」といふシナリオは最悪のものだったのだ。物理的武装解除にとどまらず、代々の先人達が守り伝へて来た醇風美俗にまでくさびを打ち込まうとするものだった。この憲法ある限り人心の荒廃は深まり行くのみとの思ひを強くせざる得なかった。

三十年ひと世代と言ふが、十年前、二十年前を思ひ浮べて欲しい。この間の、われわれ日本人の「心相」の変貌に思ひを凝らして欲しい。近年はことに規範意識の稀薄化が指摘されてゐる。無人を良いことに銅板葺きの鎮守の屋根を剥がす（売り飛ばす？）不届き者がかつてゐたであらうか。老親の年金をあてにして二十年近くも死亡届を提出しなかった親不孝者がかつてゐたであらうか。

もちろん極めて異例のケースではあるが、かつては考へられないことである。根を見失ってはその日その日を漂ふしかなくなるだらう。根を絶たれては拠るべきものが見えなくなるのは当然のことではないか。いつなったらわれわれは「迷ひ」の淵からはい上がることができるのか。はい上がらうとするのか。答へはすぐそこにあるのに気づかうとしない。

「帝国憲法の改正」↓「日本国憲法の施行」↓「新しい日本」誕生といふ蜃気楼の如き戦後イデオロギーの実相を先づは正視しなければならないだらう。「いまだ見られる『復古調』との誤解を完全に払拭するためにも…」などと言ってゐるやうでは、霧は深まるばかりである。

「三千人の仮装パレード」を伝へるニュースを見て、そこに残置諜者が演出する精神的武装解除の匂ひがすると言へばそれは穿ちすぎだと批判されるだらう。しかし、子供の遊び場やゲートボールの練習場として日頃お世話になってゐる神社に町内会が謝意を込めて「奉賛金」を納めたくとも「憲法」が許さないといふ現実があるらしい。「使用料」の名目や「御礼」なら良いが…となってゐるとしたらどうであらうか。東日本大震災の際には次のやうなことがあったといふ。仙台市青葉区の市営墓園に仮安置された遺骨に地元の仏教会が読経をしたいと申し入れたところ「市職員と宗教者が同席することはできない」と断られ、さらに市営納骨堂を持たない多賀城市では無償で提供された寺院に遺骨が仮安置されただけで「宗教色の強い行事はしない」と言って職員の焼香も香炉の設置も自粛した（「政教関係を正す会」R&

R二九三号、平成二十三年六月)。

かれこれ合はせ考へれば少しは穿ってみたくもなるといふものだ。あまりにも公序良俗を無視した「残置諜者」の仕打ちではないか。その監視の視線は一向にゆるむ気配がない。憲法であるが故に立法・行政・司法もマスメディアも教育界等々も、根を断ち切る「内通者」とならざるを得ないのが日本国憲法体制である。われわれはさらに断絶への道を進むしかないのだらうか。

〈補記〉

表(一) は、時間の経過とともに断絶史観が連続史観を凌駕したことを言はんとしたものであるが、それは逆に年月を遡るほど連続史観の度合ひが大きかったことを意味してゐる。それでは実際にどうだったのか。筆者の記憶の断片を振り返りながら、ほんの少しだけ述べたみたい。

(イ) まだ主権喪失の被占領期であった昭和二十六年五月、貞明皇后が崩御された。当時、小学校一年生だったが、校内放送で御葬儀の様子が流された。机を後ろに下げ黒板の前の開いた所に全員正座して、額を床に付けて拝聴した。担任は三十歳代後半の女の先生だった。校内放送だったから他の教室でも同様だったと思ふ。他の市町村でも同じだっただらう。「きちんと座りなさい」「頭を下げなさい」「床に頭を付けなさい」と何度も言はれて、畏まったことで記憶に残ったのだが、それが貞明皇后の御葬儀だったと気づいたのは後日のことになる。

平成十二年六月、香淳皇后が崩御された。私が経験したやうなことが行はれたであらうか。もし床に額を付けさせたなどとなったら、どこぞの新聞や人権団体が憲法を振りかざして…となるだらう。

（ロ） 昭和二十年代の末、小学校三、四年頃、自衛隊がまだ保安隊と呼ばれてゐた頃かも知れない。二百名？ほどの隊員が小学校の屋内運動場（体育館）に宿泊したことがあった。自衛隊の車輌はグランド中央に集められ、周縁部のブランコや鉄棒の傍らで隊員達が煮炊きをしてゐた。その火の周りを半ば走り廻りながら様子を眺めたことがあった。大きな鍋がグツグツと煮たって来たのを見て美味さうだなと思ったものだった。

現在、平日の学校を自衛隊が宿舎代りに使ふことがあるだらうか。週末の土日であっても小学校を宿泊所に使ふことがあるだらうか。当時は訓練の施設に事欠いてゐたから学校で寝泊まりしたのかも知れない。もし同じことが現在行はれたとしたら、朝日新聞あたりが早速、「平和を教へるべき教育の場に似つかはしくない」などと許可した教育委員会を批判することだらう。現在はどの世論調査でも自衛隊の存在を認める者の割合は八割に近いし、防衛庁は防衛省に昇格してゐる。しかし、小学生と自衛隊の距離はどうなのか。「接点」はあるのだらうか。

（八）昭和三十六年元旦、県立高校の一年生だったが、これまでの小中学校時代と同様に、午前十時からの新年祝賀式のため登校した。汽車通学の生徒も登校して来た。正面に日の丸が掲げられた体育館の式場で、教頭先生の開式の辞に続いて君が代を斉唱した。そのあと校長先生の式辞があった。この年の四月に着任した新しい校長先生が二学期の終業式で「お正月ぐらゐはお母さん方に朝ゆっくりしてもらひませう」と言って、式の取り止めを生徒に告げた。元日には祝賀式があるものと思ってゐたから、エッといふ驚きの気持ちで聞いた。校長先生のお話の背後に蠢《うごめ》く何かがあったのだらうと、今にして思ふ。とにかく高校二年生の正月から式が取り止めになった。新年祝賀式はひとつの町、ひとつの学校の話ではなく、私の育った地域全体（新潟県中越地方）の各校で挙行されてゐたことだらう。否、全県的に全国的に行われてゐたのかも知れない。

中学校の時は、町立だから校長先生に続いて必ず来賓の町長が祝辞を述べた。唯一人の社会党町議であった旅館の親爺がそれに続いた。良く覚えてゐる。小学校時代も当然のやうに新年祝賀式があった（中学校一年の式の際、またあの親爺が来てゐるゾと思ったことが記憶にある）。国旗国歌法などなくとも、日の丸に向って全員で君が代を唱った。現在、新年祝賀式を実施してゐる公立学校が全国でいくつあるだらうか。

小学校の時、音楽室の出入り口の上に、君が代の歌詞が書かれた大きな紙が貼ってあった。

（二）昭和三十二年四月に中学校に入学して、吹奏楽部に所属した。秋の運動会での国旗掲揚（開会式）と国旗降納（閉会式）の際、君が代を演奏するのは吹奏楽部の仕事だった。トロンボーンでレドレミソミレ… と吹いた音階が今も口から出て来る。卒業式や入学式、新年祝賀式では音楽の先生のピアノ伴奏に合はせて君が代を斉唱した。高校では、吹奏楽部がなく運動会の時はレコードを使ったが、その他は中学校時代と同じだった。

昭和三十年代前半は日教組の組織率が八割を超えて、勤務評定反対、道徳教育反対などが声高に叫ばれて、日教組の全盛期の時代だったはずだが、国旗掲揚、国歌斉唱は全国的に当り前だったのではないか。

（ホ）「…神社・仏閣の見学や修学旅行の伊勢神宮訪問も可能になりました」とは、平成十八年十二月の教育基本法改正を歓迎する日本会議が作成した資料の一節である。宗教教育に関して消極的な規定から宗教に関する教養を身につける積極規定に改められたからだとする。

昭和三十七年三月、高校二年の春休み中に実施された修学旅行では伊勢（一泊）から奈良（一泊）、京都（二泊）を巡った。神宮では二年半前の伊勢湾台風によって上部が折れた何本かの杉の木を目にした。頼まれたわけではなかったが土産にと御札を求めた。東大寺にも清水寺にも石山寺にもお参りした。修学旅行で社寺を巡るのがタブー化したとしたら、かなり後のことであらう。

第六章　「小学校英語」必修化の無謀——壮大なる時間の浪費と勘違ひ——

THE YOMIURI SHIMBUN

讀賣新聞

2013年（平成25年）10月23日水曜日

英語授業 小3から

文科省方針 20年度にも

5・6年 正式教科

伊豆大島 高齢者ら119

ポケモンといっしょにおぼえよう！ 言葉の始まり物語

次は小学校三年生から？

幼児向け英語教材 花盛り

自然な耳へ新商品続々と

小学校での必修化など英語の早期教育に関心が高まる中で、英会話教育先進国の韓国で生まれた教材が国内発売されるなど、幼児向けシステム英語教材が花盛りだ。価格や内容はさまざまだが、いずれも幼児期から耳を自然な英語に慣らすことを主眼にしている。（八並朋昌、写真も）

13日発売の「マミートーク・イングリッシュビレッジ」は主に3歳から小学低学年が対象で、コンピューターのCPU（中央演算処理装置）や超小型カメラ、スピーカーを内蔵した長さ20センチ余りの充電式音声ステッキと、文字情報を特殊印刷したイラスト教材が特徴だ。

「韓国のベンチャー企業が特許を得て昨秋発売し、テキストは日本向けに改良した」と、販売元マミートーク（東京都新宿区）の社長、吉野公実さん(35)。

絵本やパズル、カード、ステッカーにさまざまな日常場面と、動物や食べ物などが描かれ、絵に音声ステッキを当てると、会話や単

800に上り、発音は米国人が担当している。

「毎月約1000語を追加していくので、パソコンとプリンターがあれば、ネット経由で文字情報を含むイラストを家庭で印刷し、音声ステッキの録音情報も簡単に更新できる」。さらに、「秋には海外旅行を想定した父母向け教材も出す予定で、これも音声ステッキで学べる」という。

価格は19万8000円で、幼稚園児がいる場合は8月末まで16万7600円の特別価格で購入できる。

円。英会話教室担当の小野香さん(40)は「脳が柔軟な幼児期にネイティブ英語に触れることが大切。目で見た場面の単語や会話を即座に再生し、耳や口も運動するので効果的に学べる」と話す。

教材の中で、31年の歴史をもつのがワールド・ファミリー（同）の「ディズニーの英語システム」。4万円台から57万円まで60種類のセットがあり、1枚で複数の会話再生や録音ができるトーキングカードなどが特

マミートークのシステムを説明する英会話教室担当の小野香さん（右）。Tシャツのプリントでも会話を再生できる　＝マミートーク四谷ショールーム

小学校に入る前から？

（平成二十年六月二十四日付産経新聞）

はじめに

国際化・グローバル化の「妖怪」が……

「一つの妖怪がヨーロッパにあらわれている―共産主義の妖怪が」とはK・マルクスとF・エンゲルスの共著『共産党宣言』（岩波文庫）の著名な書き出しである。平成十八年三月末、中央教育審議会の外国語専門部会が「小学校での英語必修化」を打ち出したとのニュースを耳にした時、思はずこの一節を思ひ出してしまった。国際化・グローバル化・国際人・国際理解……等々の「妖怪」が遂にここまでわが国の教育を動かしてしまったのかと改めて慄然とさせられたのである。『共産党宣言』では「旧ヨーロッパのあらゆる権力が、この妖怪にたいする神聖な討伐の同盟をむすんでいる。法王とツァーリ、メッテルニヒとギゾー、フランスの急進派とドイツの官憲も。……」云々とあって、歴史的必然であるプロレタリアートの勝利を理解できない諸勢力が立ちはだかってゐると続くわけだが、わが国では逆で、公的機関が、多くの親達が、連合して「妖怪」をどう受け入れようかと思ひを巡らしてゐる。

国際化・グローバル化（地球規模化）……等々を「妖怪」になぞらへることには、ヒト・モノ・カネ・情報が容易に国境を超えるボーダーレス化が進展してゐる今のご時世に、何を馬鹿なことを言ふのかと目をむく向きがあるかも知れない。しかし、時代に乗り遅れるなとばかりに、人格形成の基本を見失って小学生からの「英会話」教育が必要だなどと世の大人達に言はせるところが妖怪たる所以である。なぜ人間の内面形成の根本に考へが及ばないのかと不思議でならない。その基本を踏まへれば妖怪に慌てることはないはずだ。いかに妖怪が大きく見えようが、基礎基本を忘れてはそれこそ妖怪に呑み込まれてしまふ。

例へば株式の公開の結果、株を買った外国資本が企業経営に参入するのを「経営の国際化」と評して何らの不都合もない。しかし、国際化・グローバル化の時代に相応しく小学校で英語を必修にするとなると考へ込んでしまふ。こと教育に関して「国際化」はあり得ないからである。下手をすると、国民意識喪失の第一歩になりかねない。否、「小学校英語」は次世代国民が日本人としての自己形成をはかる上で取り返しのつかない結果をもたらすに違ひない。

小学生時代は国語の読み書きの習得を通して自己の内面を形作る大切な時期である。ボーダーレス化の深まる現代だからこそ、一層自覚的に「日本人としての教育」に配慮しなければならないはずなのに、国語の読み書きがまだ十分に習得し切れてゐない小学生に、限られた授業時間を割いて英語を教へるといふのだ。さらに「異文化理解」「国際理解」などと簡単に口にしたがるが、その前提となる他を理解する「日本人の育成」にどれだけ意を用ひようとしてゐるのか。小学校から英語を！との提言が出されるやうでは、「日本人の育成」を本気で考へてゐるとはとても思はれないのである。

「国際化」とは元来、恐ろしい言葉

先ごろ、回って来た町内会の回覧板に「（地元の）〇〇〇小学校にオーストラリアから英会話の先生が着任されました。国際化は直ぐ近くまで来ています」とあった。現在、小学校で五、六年生を対象とした週一時間の「英語活動」が行はれてゐる（平成二十三年度から）。それ以前から、英語教育を現行教育法規を超えて別枠で認める「教育特区」が各地に出現してゐた。その名称を「〇〇国際化教育特区」としてゐる自治体がいくつかあった。このやうに、わが国では「国際交流」とほとんど同義語的に「国際化」の語が使はれてゐる。しかし、原義に遡れば両者の意味内容には月とスッポンほどの開きがある。そもそも国際化（internationalization）は、辞書を見ればはっきりするが「国際管理化」のことであって、恐ろしい意味を帯びてゐる。

唐突のやうだが、一九七四年のポルトガルの撤退にともなって、翌々年、隣接のインドネシアに併合された「東チモール」は二〇〇二年、念願の独立を達成した。この間、独立派住民とインドネシア軍との抗争は国際問題化し、遂に多国籍軍が介入し国連による暫定統治（国際化）を経ての独立達成だった。このやうにインドネシア一国による占有状態を排除して、力づくで割り込むのが国際化（国際管理化）の「原義」である。

例へば中国政府によって独立への動きを抑へられてゐるチベットや東トルキスタンを国際化して、中国の一国支配を止めさせなければならないと言ふやうな言ひ方になる。少なくとも自らに向って言ふべき言葉ではない（「国際交流」には「交はる」といふことで相互性の意味が含まれる。ただし、英語では日本人がふだん口にする一般的で広義な国際交流といった言ひ方はないらしく「△△国と□□国との間の文化交流」といふやうになるといふ）。

ともかく日本で人口に膾炙してゐる「国際化に対応して英語教育に力を入れる」といった場合の「国際化」をinternationalizationと訳すわけには行かないといふことである。もしさうなると、「独立を失ったために国語だけでは駄目になって英語の学習に努めることになった」といふ意味になってしまふ。

国際化の原義に即して、わが日本のことを少し思ひ起こしてみよう。

ポツダム宣言受諾を正式に確約した昭和二十年九月二日以降、墨塗り教科書が登場し、教職不適格の烙印を押された少なからぬ教員が学校から追放になり、教育基本法が制定されて教育勅語の失効排除が決議された等々、これら全ては軍事的敗北の結果、「日本の教育が国際化された」からに他ならない。政府と国会がやったことになってゐるが、占領統治の主体はＧＨＱ（連合国最高司令官総司令部）であった。主権喪失とともにＧＨＱの管理下におかれ、これまでのやうな「日本人による日本人のための教育」ができなくなったことを示してゐる。かうした言ひ方は所謂「国際化」等々を妖怪になぞらへること以上に今さら何を言はんとするのかと批判されさうだが、戦後体制の原点に立ち戻ってみれば決して飛躍した筋道ではないはずである。

国際化されたままの教育が「日本人の心」を蝕んでゐる

「日本人による日本人のための教育」を排除否定するGHQ製教育が「民主教育」の美名の下で、昭和二十七年四月の独立回復後も含め七十年近くも続いてゐるのだから「日本人の心」が病んでくるのは当然だらう。「民主教育」の何処が気に喰はぬのかと詰問する人がゐたら、近年の目を背けたくなるやうな親殺し子殺しの頻発を見よ！と言ひたい。年配者の心を弄ぶ振り込め詐欺犯の若者集団を見よ！と言ひたい。

昔だって殺人もあれば詐欺もあった。親子間の殺人もあった。しかし目の前の石ころを除けるやうにいとも容易く命を奪ふことはなかったはずだ。命が何より尊いはずではなかったのか。老親の死亡届を出さずにその年金をあてにして息子が暮らしてゐたなどといふニュースを耳にすると、胸が塞《ふさ》がる思ひをする。さらには愛情の拗《ねぢ》れから生じる吾児虐待…。もちろん多くの若者は健やかであるはずだが、かうした事件の当事者は「民主教育」の申し子のやうに見えてしかたがないのである。

ＧＨＱ製教育の狙ひは、父母世代・祖父母世代と考へ方が違って当然だと子供や孫の世代に思ひ込ませるところにあった。現代仮名遣ひの告示による「かな遣ひ」の相違は日常レベルで断絶を否応なしに意識させるものだった。自国の歴史や伝統を軽侮することを「平和と民主主義」で偽装して唆《そその》かしたのである。Ｇ・Ｋ・チェスタトンが『正統とは何か』で説いた所謂「死者の民主主義」「墓場の民主主義」を持ち出すまでもなく、彼が忌むべきこととした「生者の傲慢」をGHQは使嗾《しそう》したのである。

次世代国民が「誤った軍国日本と決別して平和で民主的な日本に生れ変ったのだ」と思ってくれれば、占領統治は大成功である。「日本は生れ変った」と多くの国民が思ひ込んでゐる日本など恐くも何ともないだらう。日本の国は連続する長い歴史とともにあるのだと思ふところに、底力が湧いて来るはずだ。しかし、依然として「生れ変った日本」路線の上に教育が為されてゐることは、現行教科書のトーンが雄弁に物語ってゐる。そこでは戦後の平和日本を謳歌し、それ以前を軍国日本として突き放してゐる。テレビドラマで描かれる「戦中の日本」も常軌を逸した狂った（国民が騙されてゐた）時代で否定の対象でしかない。

当時の国民が抱いてゐた生命的な反発心「敵愾心」（押しつけだったなどと簡単に決めつけずに）の何たるかに思ひ及ばなければ、戦時を乗り切った国民の労苦は永遠に分らないだらう。分らなくするのがGHQの占領政策だった。政治も、教育も、外交も、「平和で民主的な国家」たらんとして躍起になってゐる。そこから踏み外れてはならいと大新聞各紙がにらんでゐる。

平成十八年十二月、被占領期に制定されたままだった教育基本法が改正された。確かに「改正」であって、所謂戦前と戦後で歴史を分断するやうなニュアンスは若干弱まった。しかし、ひたすら「平和と民主主義」を讃へて歴史を断ち切ろうとした旧法を継承してゐるから、せっかく盛り込んだ「伝統の継承」がかすみかねない気掛かりな箇所がなくもない。「民主的で文化的な国家」（改正法前文）とか「平和で民主的な国家および社会の形成者」（同第一条）とかといふ言葉を使はずに自国の教育を語ることはできないものなのか。

先人を敬ふ中で自己形成を図るといふ国民教育の焦点は依然として暈《ぼか》されたままである。従って、歴史と繋がらない浮き草のやうな「平和で民主的な国家」のままであって欲しいと願ふ近隣諸国は、「新しい歴史教科書の登場」が日本立ち直りの契機となっては大変と外交原則を踏み外してまで内政干渉して来る。太平洋の彼方の覇権大国だって、内心では「平和で民主的な国家」のままの方が禦しやすいと思ってゐるだらう。

「小学校英語」の問題点を言はんとして、つい話が大きくなってしまった。しかし、現行教育の理念がどのやうな文脈に位置づけられるのかは常々、確かめておかなければならない。それなくしては教育改革の方向性だってはっきりしなくなる。ともかく、根っこのところで深刻な病理を孕んでゐる中での小学校への英語導入であることを直視したいのである。

「英語を小学校で必修に」――実現した中教審外国語専門部会の提言――

平成十八年三月、文部科学大臣の諮問機関・中央教育審議会（中教審）の外国語専門部会は、小学校高学年において「年間三十五単位時間（週一回）程度、共通の教育内容」で英語学習の必修を検討すべしとの提言をまとめた。「小学生の柔軟な適応力」を生かして英語力を向上させるためといふ。

「国家戦略として英語教育の充実を図る必要がある」「次世代を担う子どもたちに国際的視

野を持ったコミュニケーション能力を育成する必要がある」。その言や良しと言ひたいところであるが、しかし、その意気込みにも拘らず、当面は教科書を作ったり成績を付ける正規の科目とはせずに「総合学習」（各学校で工夫して教科にまたがる知識を総合的に学ぶ。三年生以上で週三時間）や「道徳」、「特別教育活動」の時間を利用して行ふといふ。指導にはもともと英語の担当を想定してゐない学級担任が当る。

「学校五日制」といふ名の土曜日授業の削減と所謂「ゆとり教育」（学習内容の三割削減）とで基礎学力の低下が指摘されてゐる中での新提言であった。だから、別枠で授業時間を確保しなければならなくなる正規の科目化を避けたのだらう。むろん英語教員の配置などの条件整備も追ひつかない。また、「道徳」の時間を利用するともしてゐるが、「道徳」の授業は副読本が用意されてゐても教員個々の意欲とやり方に任せられることが多く、かねてから形骸化が指摘されて来た。一体、英語教育とどう両立させるといふのだらうか。小学生に「フランクリンの十三徳」の英文講読をさせるわけにも行くまい。その形骸化はさらに深まるしかない。

すでに平成十四年度から実施された学習指導要領で総合学習の中に「国際理解に関する学習の一環としての外国語会話等」が入ってゐる。これは「やっても構はない」のレベルのことだったが、実際には授業時間の多寡は別として九割以上の小学校が何らかの「英語活動」を行ってゐた。時間数はまちまちで、年間で一桁の学校もあれば毎週の時間割に組み込んでゐる学校もあった。必修化を検討すべしとの提言には学校によるバラツキをなくする意図もあるらしい。「教育の機会均等の確保」といふことが提言に盛られてゐたから。

さし当っては週一時間でといふのだらうが、それでは英語導入論者から見ても学習効果が上がらず時間の浪費に終ること請け合ひであるから、初めは「中学校との接続」といふ建前で五、六年生に実施して、次に十分なる成果が得られないとして徐々に時間数を増やして正規の科目に持って行くのが導入派の目論見だらう。そしてもっと成果を上げるためには低学年から実施すべきだとなるのだらう（せっかく「幼児英語教室」に通はせたのだから一年生の授業から英語をやって貰ひたいとの親達の声も当然予想される）。さうなれば基礎学力はさらに低下する。英語に割かれる時間をどこかで削らなくてはならないからだ。

この外国語専門部会の提言は親部会の教育課程部会の審議を経て、中央教育審議会の全体会議にもかけられ、平成二十三年度から、小学校で五、六年生の英語活動が始まってゐる。総合学習の時間を週三時間から二時間に削減して、週一時間を「外国語活動（英語）」を必修としたのである。教科としての英語ではないから、単語や文法は教へず、対話はやゲームなどを通して「コミュニケーションの素地」を育むといふのだ。かねて文部省時代から文部科学省は国際理解教育の一環として「小学校英語」を念頭に諸施策を進めて来てゐたし、審議会の顔ぶれも英語導入に異論の少ないメンバーだったと報じられてゐたから、平成二十年三月に告示された新小学校学習指導要領（平成二十三度実施）に英語学習が盛り込まれたのは既定方針だったとみていい。

「日本人は日本語を捨てたがってゐる」？

直接、小学校英語の是非に関連して述べたものではないが、言語社会学の鈴木孝夫慶応大学名誉教授が興味深いことを語ってゐた（註・明治の森有礼「英語公用語論」や昭和戦後の志賀直哉「国語フランス語論」の言動を想起しつつ）。

「世界中で、自ら進んで国語を捨て去ろうとしたのは日本人だけ。そして現在のはやり歌を聴けば、日本人がいまも日本語を捨て去りたいという衝動を抱えていることが分かります」（平成十八年二月四日付産経新聞、傍点山内）

これに対しては、英語導入論者はこぞって、日本語を捨てるなど滅相もない、「グローバル化の進展」に対応して日本人の「国際的視野を持ったコミュニケーション能力」を高めたいだけだと答へるだらう。だが、小学校での英語学習は、その分だけ読み・書きの基礎知識の習得に振り向けられる意欲と時間を減少させ、結局は「国語」の軽視につながる。国語の軽視は、ただそれだけではなく掛け替へのない自国文化を軽侮するといふおぞましい結果を招来することになるだらう。同時に次世代国民の人格形成にとって余りにも失ふものが大きい。彼らが国を背負って立つ日のことを思へば日本の将来さへも危惧されるのである。

中教審外国語専門部会の提言通り小学校英語はスタートしたが、提言には小学校での英語教育を充実させるために「広い意味でのコミュニケーション能力を育成」する教育の一環に位置づけるとか、「大きな枠組みの中で、国語教育と英語教育とを積極的に結びつけていく」やうにするとかと、「国語力との関係」について触れた文言があった。小学校英語は国語軽視につながるとの批判を意識したと思はれる一節だが、国語の読み書きがひと通り身に付いた一定年齢以上の者なら効果が期待できようが、どう見ても為にする作文でしかなかった。

提言の直前の三月中旬に公表された文部科学省の調査結果によれば、親達の必修化への熱意（賛成七〇・七％）に比べ、教員はそれほどでもなく（賛成三六・六％、反対五四・一％）、必修化すべきでないとする教員の六八・二％が「小学校では他教科の内容をしっかり学んでほしい」、四四・〇％が「正しい日本語を身に付けることがおろそかになると思うから」としてゐた。かうした調査の際は、学校の現場に身を置く者には、自づと児童の顔が瞼に浮かぶものである。この数字は、日頃、総合学習の中で行はれてゐる歌やゲームに興じてゐる「小学生の英語活動」を身近に目にしてゐる教員の少なからざる者が、将来への不安なり懸念なりが感じ取ってゐたことを示してゐる。英語の指導を負担に思ふから教員は消極的だとのみ受け取るべきではない。

しかし、早期導入論者には、英語は圧倒的に優勢な国際共通語であるとの意識が強すぎて、英語教育・通訳翻訳論の鳥飼玖美子立教大学教授の「『グローバル・スタンダード（地球標準）』という言葉が水戸黄門の印籠のようにまかり通っているが、英語がしゃべれたら尊敬されるなんて、まったく筋違い。今日の日本は、大人すら隣人や見知らぬ人との会話が満足にできない状況にある。生きる力をつけること。それこそ、小学校という人間の根っこをつくる時期に、英語を教えることより大事だと思う……」（平成十八年四月二十四日付朝日新聞、「日本語で考える教育こそ」）といった声は届かないのだらう。

藤原正彦お茶の水女子大学教授（現名誉教授）の『祖国とは国語』（平成十五年刊）が話題になるやうなこともあった。そこには「国語の中に祖国を祖国たらしめる文化、伝統、情緒などの大部分が包含されている」云々とある。アメリカやイギリスに留学し数学者として海外の大学で講義も担当して来た藤原教授はいろんな場で「小学校時代は一に国語、二に国語、三四がなくて五に算数」と、小学校英語の無意味なことを重ねて指摘してゐる。

しかしながら、幼児英語教室の盛行や「英語学習の実施」を麗々しく謳ふ幼稚園の存在を思ひ浮かべれば、そこに国語軽視の巨大な「衝動」を見ないわけには行かない。先日、通勤の途次、「キッズ英会話、一歳半から」といふ大看板が目に飛び込んできてギョッとさせられた。全国で千五百ヶ所に教場を持つ「ヤマハ英語教室」には六万数千人が学び、「〇歳&ママ」クラスからあって、とくに二〜三歳クラスの人気が高いといふから驚いてしまふ。

「日本の文化のことを何も知らず、漢字の多い文章は読めなくとも、それすら英語人の証明のように、自慢に語る人たちが増えやしまいかという心配である」「言葉は道具ではなく、思考であり思想である。日本語をきちんと覚えたことは、言葉であると同時に、歴史そのものを脳内に積み立てたことになる。だから、如何なる理由があっても、幼児の知的細胞作りの省略は許されない」

右は、作詞家の阿久悠氏が「幼児からの英語教育」について記した文章（平成十八四月二十九日付産経新聞）の一節である。これはそのまま小学校での英語教育の無謀さを指摘する一文でもあらう。

すでに政府による構造改革特区（内閣府の管轄）の線上で、平成十五年度から英語教育に多くの時間を割く小学校（英語教育特区）が出現してゐることは周知の通り。平成二十年度の新指導要領の告示で、自治体が教育上の特例措置の申請をする場合の窓口は文部科学省となり、同省の審査のみで「英語小学校」が可能になってゐる（かうした動きにわが国力を将来的にも削減せんとする国際謀略の匂ひを嗅ぐのは穿ち過ぎだらうか。国際化だ！グローバル化だ！国際理解だ！と迫って、小学校教育が空洞化すればミサイルで攻撃するまでもなく日本は滅んだも同然だからである。前出の藤原教授のベストセラー著書『国家の品格』に曰く、「小学校で英語を教えることは、日本を滅ぼす最も確実な方法です……」）。

全小学校に外国人講師が配置された—水戸市の場合—

今では当然もっと「進んでゐる」はずだが、平成十八年五月九日夕刻のＮＨＫテレビの関東ローカルニュースは、水戸市の市立小学校の全てに外国人講師が配置され英語が必修となったといふことが報じられたゐた。新指導要領の告示前であるから総合学習の枠内だったのだらう。外国人講師は正確には「外国語指導助手」（アシスタント・ランゲージ・ティチャー、ALT）と呼ぶが、教授法を学んでゐるわけでもなく、まして教員免許を持ってゐるわけでもない。「英語を話せる」といふことで雇はれた饒舌で陽気な素人教師である。従ってALT単独の授業はなく正規の教員が傍らにゐて授業をする（ALTの実態については鳥飼玖美子著『危うし！小学校英語』が詳しい。英語を話す外国人にとっては魅力的で「日本に行けば仕事に困らない」といった感じであるといふ。「海外旅行気分で来られてはたまらない」とぼやく自治体もあるとか。玉石混淆のやうだ。各自治体にALTを紹介する専門会社もある）。

水戸市では文法は教へず会話に力を入れてゐるといふ。もともとネイティブ・スピーカーといふことで雇はれた外国人講師に「文法」が教へられるはずもないし、国語力が不十分な児童にも文法は無理だ。要するに歌やゲームを通して楽しく学ぶといふことらしい。これは水戸市に限らずどこの小学校でも似たり寄ったりで、「歌と踊りとゲーム」を英語活動の三種の神器と呼ぶといふ。

そして外国人講師が配置されたことから、給食時間も活用してゐるとのことで昼食前の男子児童が真面目な顔付きで「アイ・ライク・ア・ミート」などと言ってゐた。さらに外国人講師との事前打ち合せのため、「本来の教師」はかなりの時間を取られるらしい。外国人講師は日本語ができない場合がほとんどだから、児童よりも先生のほうが英語を勉強せざるを得ないといふ。そのエネルギーと時間が読み・書き・算盤（算数）の授業の充実に注がれたら…とつい思ってしまった。

好奇心旺盛な子供達の多くは「ゲーム感覚」の授業に興味を示すだらう。文部科学省が三月（平成十八年）に公表した調査結果によれば、児童の七三・九％が「英語活動が好き」と答へ、その理由として「英語の歌を歌ったり、英語のゲームをしたりできるから」との回答が最も多く七六・八％を占めたといふ。しかし掛け替へのない「小学校時代の授業時間」が、本来のものを脇に押し遣って歌やゲームに費やされる。市の教育長は「将来、水戸市から国際人がどんどん誕生することを夢見てゐます」と語ってゐたが、これを勘違ひと言はずして何と言ふべきだらうか。

小学校の現場にゐる友人の話では、児童は目を輝かせてネーティブ・スピーカーを迎へるといふ。英語といふよりもその仕草や物言ひに興味を示すといふことだった。目の前にゐる外国人が一所懸命に語りかけて来る。生身の外国人の話しぶりや笑ひ方、一つ一つの大きなジェスチャーに驚きの声を発するといふ。

「世界にはいろんな国があり、いろんな人達が住んでゐることを頭では知ってゐる。その外国人が自分達の教室の中にまで来て一緒に歌ったり踊ったりしてくれる。日本人と違ふ人達が本当にゐるんだといふことを体で感じ取ってゐる。百聞は一見に如かずで、それなりの意味はある」。国際理解教育といふ観点で卒業までに二～三回はそんな機会があっても良いが、英語に関してはほとんど期待できないし、毎週時間割に入れてやるほどのことではないといふのが彼の結論だった。慣れて来ると、児童の「乗り」もいささか悪くなるらしい。

さらに希望的拙見をつけ加へれば、ネイティブ・スピーカーの授業が終る時、傍らの学級担任が「セーラー先生（仮名）は英語を教へるため日本にまで来ました。私達も先生に負けないやうに日本のことをしっかり勉強しませうね」とでも言ふやうなら、国際理解教育としては完璧だ！と思ったのである。

教育の本質を見誤るな――児童は先生の熱意に応へるものだ――

小学校段階からの「積み残し」や「おちこぼれ」が指摘されてゐる中で、英語で躓《つまづ》く子供はゐないのだらうか。平成十六年三月、「小中一貫英語教育特区」に認定され、全市立小学校（一年〜六年）に英語教育を導入した金沢市の場合、どうしても文法に触れざるを得ない五、六年生になると「英語は嫌ひだ」と言ふ児童が急増すると別のテレビ番組は伝へてゐた。「そんなことはない。他教科よりも児童は英語に興味を示す」と言ふむきもあるが、さうかも知れない。もしさうなら、先生が他の教科の時よりも周到に準備をし熱心になってゐるからである。もし児童の英語学習への乗りの良さが事実だとしたら、それは教員の熱意に児童が応へてゐるからなのである。

かなり前のことだが、小学校での英語教育導入について、文部省（当時）がいくつかの小学校を研究開発校に指定して試行したことがあった。そこでの試行の成果が報告されたとの報道があった。研究開発指定校になれば、校長以下、全校一丸となって取り組むのだから、「期待された成果」が出ないはずがない。文部省から指定を受けていい結果が出なかったでは当該自治体の教育委員会だって困る。児童だって先生の熱意には応へる。

教育の本質を見誤ってはならない。英語学習に注ぐ意欲と情熱を国語の読み書きや算数の授業になぜ注がうとしないのか。問題は大人達の漠とした英語憧憬の姿勢にあるのである。

研究開発校の指定は各教科各分野にわたって広く行はれるもので、小学校英語に関しても以前から続けられてゐた。「英会話を中心とした英語教育」「英語の表現力の育成」に向けた実験的教育が重ねられてゐた。インターネットで見てゐたら、指定校の中には「全学年に新設教科『英語表現科』（一、二年―年間二十時間、三〜六年―年間七十時間）を設け、『英語を聴き取る力』、『英語を自分で表現する力』の育成を目指す」ことを研究テーマとする山陰地方某県の公立小学校があった。この小学校からは、「全学年」を対象に「どのやうに実施したら教育成果が上がるか」についての実践報告が文部科学省に提出されたことだらう。現場はどう前に進めたら良いかを考へるだけだ。小学校での英語学習は時間の浪費になりかねませんなどといふ報告書は間違っても提出されない。

前述のＮＨＫのローカルニュースは水戸市に続いて、新東京国際空港のある成田市のことを伝へてゐた。成田市では「道を聞かれたら答へられるやうにならねば」といふことで小学校での英会話に力を入れて来たとのこと。これは微笑ましいことで、地域性を考へて「総合学習」の中で行ふのはいいとしても、その程度のことだ。それにしても成田市では教育特区に認定されてゐたのだらうか、一年生は年間六十八時間で、二年生以上は七十時間を当ててゐるといふから、年間七十時間とは週当たり二時間で本当に時間が勿体ない（前出の鳥飼教授『危うし！小学校英語』は、日本に来るガイジンなら英語を話して当り前と考へる英語教育は国際理解教育の理念から少し逸《そ》れてゐるのでは？と疑問を呈してゐる）。

国語で考へる以上のことを英語で表現できるはずもなく、国語の力が外国語学習の基礎学力であるとはかねて言はれて来た。だから中学校から文法の勉強を伴ひながら英語学習が始められてゐた。早く始めれば良いといふものではないはずだ。時期があると思ふ。

以前、ある女流評論家がお嬢さんをアメリカに留学させたといふことが新聞で紹介されてゐた。娘の留学は日本語が身に付いてからと考へて高校卒業を期して出発させたとあった。なるほど、さうだらうなあと感心したことを覚えてゐる。

小学生には英語の前に学ぶべき基礎基本が山ほどあるし、その年代は「国語の世界」にたっぷりと浸って自己の内面を養ふ大事な大事な時期である、その時期に英語を必修化して国中の小学校で取り組むのは無謀を通り越して暴挙と言ひたいほどだ。中途半端な英語教育は百害あって一利なしで、やるならば英才教育で限られた人数を対象に実施することは小学生でも考へられていい。その代わり意図的に国語の読み書きの時間を多く取り、何故に英語を学ぶのか、例へば明治時代、英文で日本を「外」に持ち出した岡倉天心、内村鑑三、新渡戸稲造らの気概に倣ふほどの教育を徹底する。それに耐へ得る力のある者を選抜する。私学ならともかく、いまの日本では公立で限られた人数を選抜した英才教育を実施するなどとは言へないことが実は問題なのである。

「六年間やっても喋れない」？――「オーラル・コミュニケーション」の登場――

かつて昭和五十年代の初め頃、『諸君！』誌上で、英仏語に精通しゐる平泉渉参議院議員と英語学の渡部昇一上智大学教授（現名誉教授）との間で「英語教育大論争」が行はれたことがあった。平泉議員が「中高の六年間英語を学んでも何ら会話ができない。暗記に傾く受験英語をやめてもっと会話に力を入れるべし」と主張したのに対して、渡部教授は「受験英語で結構。日本人にとって英語は外国語であって英語を勉強することは『異なる文法体系と格闘すること』に他ならず、実は日本語の勉強にもなってをり、受験英語は英語学習の基礎学力にもなってゐる」旨を語って譲らなかった。「異なる文法体系と格闘すること」「大事なことは英語学習の潜在能力を養うこと」との一節が強く脳裡に焼き付いてゐる。私の記憶は大筋では間違ってゐないはずである。

その後の英語教育は徐々に会話に流れて、現在の中学校では「話す」「聞く」が重視され、かなりの生徒が主語、述語、目的語など文型を摑み切れなくなってゐるとは知人の高校英語教師の体験的見解である。高校ではリーダー（読本）とグラマー（文法）の二本立てのカリキュラムが姿を消し、平成元年の学習指導要領の改訂で「英語Ⅰ・Ⅱ」「リーディング」「ライティング」とともに、新たに「オーラル・コミュニケーションⅠ・Ⅱ」が登場。「使へる英語」、即ち英会話もどき時間が増えた。音声テープやＣＤ、ビデオ等の視聴覚教材を使っての授業である。結局、学習する単語数も減って、会話（発音）には少し磨きがかかったとしても、例へば大学の語学教師が嘆くほどに高校生の英語の学力（習得単語数や文法理解）は落ちてゐる。つひに平成十八年の大学入試センター試験から「聞き取り」テストが導入されたが、これによって高校では、そして中学校でも、ますます会話に重きが置かれてゐる。

調べたら昭和六十二年からのやうだが、会話教育重視のために、高校レベルから中学校、ところによっては小学校にまでネーティブ・スピーカーとして外国人講師（正しくは前記のやうにＡＬＴ）が雇はれるやうになった。その一方で、漢字が読めない書けない、語彙が少ない、手紙も書けない、敬語を使へない等々と国語力の低下が嘆かれてゐる。六月二日付（平成十八年）の各紙が報じたやうに、「十年前に比べて国語力が低下した」と考へる学校が、小学校で六九・五％、中学校で五八・六％、高校で八七・三％に上ってゐる（全国都道府県教育長協議会の調査）。

ある予備校の英語教師の体験談によれば、模擬テストで patient「患者」といふ単語を約半数の受験生が「看者」と書き、「精鋭の受験生のみが参加する」模試では process を「課程」

としたものが目についたといふ。「超進学校の優秀な生徒でさえも『過程』と『課程』の区別がついていない現状なのだ。単なる勘違いによる漢字の書き間違いなどではなく、日本語としての正しい概念が身についていないのである」「ここ数年間における高校生の日本語力は著しく低下している」（平成十八年四月二十六日付、産経新聞）。それを追ひかけるやうに英語の文法力も単語力も落ちてゐる。平成十四年度から中学校で学ぶ単語数は一千語から九百語に減少した。会話のためのネーティブ・スピーカーが配置されるのと比例するかのやうに英語の力は落ちてゐる（先の予備校教師に言はせると、英語の力は落ちてゐないといふことだが、それは受験指導に力を入れてゐる「超進学校の優秀な生徒」だからではないのか）。

平成二十四年度からの中学校学習指導要領では、三百語増えて千二百語となった。中教審がゆとり教育の見直しに舵を切ったからである。授業時間も週三時間から四時間となってゐる。これは昭和三十三年告示の指導要領の千百～千三百に匹敵する単語の数で、「聞く」「話す」「読む」「書く」の学力を養ふとしてゐる点では同じやうに見えるが、「コミュニケーション能力の基礎を養う」ことを強調してゐる点で大きく異なる。会話への傾きである。平成二十五年度実施の高校では、「英語Ⅰ・Ⅱ」「リーディング」が「コミュニケーション英語Ⅰ・Ⅱ・Ⅲ」に集約され、「コミュニケーション英語基礎」「英語表現Ⅰ・Ⅱ」「英語会話」の四本柱となった。その上「授業は英語で行うことを基本とする」となった。学校英語の会話重視の動きは止めようがない。

外国語学習が会話力に繋がらなければ意味がないとするのは、理屈の上ではその通りであるが、ここは日本である。日本人が英語を学ぶのである。仮に週二〜三時間の英会話の授業をやったところで、会話力としては多寡が知れてゐる。興味を覚えた者が更にサークル活動などで身を入れて習得に努めれば別だらうが、教室の数時間の授業では土台無理である。旧来型の「異なる文法体系と格闘する」「英語学習の潜在能力を養ふ」受験英語の要素が会話の時間が増えた分だけ減ってゐるのだ。

さらに、今の高校生大学生の多くは筆記体の読み書きが苦手だ。筆記体が書ければブロック体の読み書きなど容易なのに、中学校では「聞く」「話す」に傾き筆記体を反復練習する時間を惜しんでゐるのだらうか。小学英語の問題点を指摘する前述の鳥飼教授は「中学校の授業の充実が何より大切だ」と警鐘を鳴らす。

そして、つひにと言ふか、やはりと言ふべきか、文部科学省は平成三十二年度（二〇二〇）から、小学校での英語教育の開始を三年生からに引き下げ、五年生からは正式の教科とする方針を決めたといふ（平成二十五年十二月各紙）。教科となれば、成績を評価するし、検定教科書も用意される。週三時間の授業となり、中学校の学習内容が一部取り入れられる。併せて、中学校の英語授業は「原則英語で行う」。

国際政治を専攻とするある研究者（六十歳代半ばの方だから、高校時代の英語は「リーダー」「グラマー」の二本立てだっただらう）の講演を聴いたことがある。その教授は、大学在学中はとにかく夢中になって難解な英文原書に取り組み、ＥＣＣのサークルに入って英会話の習得に努め、それなりの自信を持って米国に留学した。ところが、半年ほどの間、ほとんど何も聞き取れず悩んだといふ。そして、ある日、突然、濡れ紙をはがすやうに聞き取れるやうになって驚いたさうだ。

その後は日本で辞書を頼りに英書と格闘してゐたことで文法の知識や単語が多く身についてゐたから、卑近な日常会話だけでなく、内容のある講義にも討論にも不自由なく加はることができたといふのだ。本を読んでゐたことが英語の聞き取りに役に立ったと述べてゐた。私には想像するしかないが、考へさせられてしまった。

平成十五年三月、文部科学省が発表した「『英語を使える日本人』の育成のための行動計画」によれば、「国民全体に求められる英語力」として、中学校卒業段階では「挨拶や応対等の平易な会話（同程度の読む・聞く・書く）ができる」（英検三級程度）、高校卒業段階では「日常の話題に関する通常の会話（同程度の読む・聞く・書く）ができる」（英検準二級～二級程度）としてゐる。この行動計画でも会話重視の考へが滲み出てゐる。

それにしても「国民全体に求められる英語力」とは、大した物言ひだ。だが、全国民的に「日常の挨拶や応対、読む・聞く・書く」が（もちろん国語で）もっとキチンとできるやうになるための学習が先決ではないのか。

単語数や文法知識は英語学習の基礎学力中の基礎である。同時に国語の読み書きの能力も、外国語学習に不可欠な基礎学力である。基礎を欠いては「英会話」の中味だって大したことはない。外国人講師の配置といふ今や目新しくもないニュースに加へて、小学校での英語必修化についての諸報道に接するたびに、合ふべくもない焦点を合はせんとわざわざ税金まで遣って徒労を重ねるのかとの思ひにどうしても囚はれてしまふ。

なぜ、国語を捨てたがるのか

「二十一世紀は、日本人全員が実用英語を使いこなせるように…」の報告書

冒頭部で、わが国の教育はGHQによって「国際化」されたままであり、そのため先人を敬ふ中で次世代が自己形成を図る「国民教育の焦点」が暈《ぼ》かされたままである旨を記した。いかに校舎が立派にならうが、視聴覚の教育機器が揃ってゐようが、一クラスの児童数が少なくならうが、かうした本質的な病理を内包した中での小学校英語である。

小学校への英語導入自体が児童の将来と国の行く末に大きな不安材料と言はざるを得ないのに、その小学校は日本国家の歴史性を表象する日の丸・君が代（どちらも千年以上の前史がある）に対してさへ、猶、とかく議論がなされる根無し草的な「平和で民主的な国家」の中の学校である。かうした現状で、小学校英語に時間とエネルギーが割かれれば、国民教育の道筋が一層、見えにくくなることは必定である。

小学校での英語必修化に前向きの文部科学省は、当然ながらそれにつての資料を作成して

ゐる。非英語国の中国・韓国・台湾・タイ・ドイツ・フランスで必修化された、と（『ザ・リバティ』平成十八年七月号）。さらに旧イギリス植民地などの諸国は当然に必修化してゐるだらう。欧州連合（ＥＵ）は母国語の他に二つの言語を学ぶべきだとして早期の外国語教育を推進中ともいふ。

これらが「グローバル化の進展」と並んで小学校英語必修化の論拠となってゐるのだが、それならば、かうした国々（ＥＵ諸国を含め）がその一方で国民教育（歴史教育・愛国心教育・国防教育・公徳心教育…等々）に、どれだけ力を入れてゐるかの情報も並行して出さなければならない。中韓のやうな事実から懸け離れた独善に過ぎる歴史教育や愛国心教育は困りものだが、それでも自国の「誇り」を次の世代に伝へんとする情熱は確認できる。英語必修化の方のみを実例として流すのは、それこそ一面的な悪しき国際理解といふ他はない。

「使へる英語」、即ち英会話力の養成を以前から要望してきた産業界にしてみれば、やうやく小学校英語の必修化にまでたどり着いたかといった感じだらう。さういへば小渕内閣時代、首相の私的諮問機関「二十一世紀日本の構想」懇談会が英語第二公用語論に触れた報告書を提出したことがあった（平成十二年一月）。「社会人になるまでに日本人全員が実用英語を使いこなせるようにするといった具体的な到達目標を設定する必要がある……」。恐ろしい提言をするものだと驚いたものだったが、日本人全員が実用英語⁉を使ひこなせるべく努める時代には、「二十世紀」と同様に小中学校で「国語」の授業が行はれてゐるといふ保証はない。それに比べれば「現在のはやり歌」に横文字もどきが頻用されてゐることなど、まだまだ程度が軽い?と言ふべきかも知れない。

フランスのシラク前大統領は、大統領時代、出席した欧州連合首脳会議（二〇〇六年）で、フランス出身の産業界代表が英語で演説したことに怒って退席したといふ。その理由を「フランス人ならフランス語を使ふべきだ」「英語文化の席巻から世界を守る立場だ」と言ったといふ。ヨーロッパとアメリカの「さや当て」は政治や経済の分野だけでなく、より多く文化面で展開されてゐる。さすが文化大国を標榜するフランスの大統領である。一方、今日の「靖国」外交問題化の端緒を作った英語のできる某元首相は、かつて国連創設四十周年記念総会で英語での演説を望んだが、英語使用国が加盟国の三分の一にも満たず、その上に国連での演説は母国語が原則で断念したといはれる（前出『危うし！小学校英語』）。なんといふ違ひだらうか。

日本人は「英語」に合はせようとしてゐる！

かれこれ思ひを巡らせば「日本人は日本語を捨てたがってゐる」との鈴木孝夫慶大名誉教授の指摘は大袈裟なやうだが悲しいかな真相を衝いてゐる。なぜ日本人は国語を捨てたがるのか。なぜ国を挙げて英語に靡《なび》くやうなことになってゐるのか。

これまで何度も、日本の教育はＧＨＱによって国際化されたままである旨を述べてきた。

「日本人の育成」といふ国民教育にとって不可欠の焦点を曖昧にしてゐることが、小学校英語を招来したことは間違ひないところだが、それを所謂英語コンプレックスだとか、英語かぶれだとかと揶揄《やゆ》的に見るだけでは済ませられない別の要因があるやうに思はれる。

その一。国語が損はれることなど金輪際、あり得ないと無意識ながらも安心し切ってゐるからではないのか。

被占領期に国際化されたままの教育理念で七十年近くも学校教育が為されてゐながら、その弊害は冒頭部で少し記したやうに年毎に覆ひ難くなってはゐるが、それでもこの程度の混迷に留ってゐるのは、脳の表層（公教育）は「平和と民主主義」に染まったにしても、深層は変らざる精神伝統（例へば八百万の神々・初詣・祭礼・神仏習合・墓参り・帰省・年忌法要……等々を内から支へるもの）によって充たされてゐるからではなからうか。

まさに invisible government（目に見えないものによる統治）による国の統合である。昭和二十六年に来日して日本滞在が半世紀に及んだT・インモースは、戦後の日本を目にしながらも「この国の過去の泉は深い」と詩に詠み、わが国を「深い泉の国」と形容した。地下の奥深く、どこからともなく湧出してくる泉によって現実の渇きが癒されるやうに、遥か太古に発する精神的伝統が現代日本をつつんでゐるといふ意味にならうが、わが国の真姿を捉へた見事な命名であったと思ふ。

しかしながら、計り知れない恩恵を蒙ってゐるあまり、その意味と価値とが逆に現代日本人には分らなくなってゐる。親の遺産のみで暮してゐるが故に逆に親の有難味に気づかない者がゐるやうに。ともかく、英語に限らず、やたらに外来新奇なものに日本人が飛び付くのは、invisible government に乗っかってゐる安心感からであらう。国語の読み書き習得が基本の小学生に、英会話を学ぶ機会を作らうなどと言ひ出すのは、invisible government に恵まれてゐるが故の忘恩的所行のやうに思はれてならない。しかし、それに長く甘えてゐるわけには行かないはずである。

その二。もともと日本人には「自らを主張するより相手の出方を察して、できるだけそれに合はせようとする」文化的特質、「察し合ひの文化」が染み込んでゐる。日本人には「相手」に合はせることを良しとする生き方（価値観）が無意識ながら身についてゐる。このことが英語といふ「相手」に野放図に歩み寄って行かうとする下地になってゐるのではないか。

「察し合ひの文化」とは、例へば、本来は外交のテーブルに乗るはずのない「総理の靖国神社参拝」が外交問題化してゐるやうに、中韓の内政干渉に対して、相手の意向を忖度する以上にきちんと自らの立場を主張し伝へようとしない極めて日本的な対処のことである。所謂「靖国」の外交問題化の経緯は小学校英語を考へる際の参考になるはずだから、概略記してみよう。

《相手の出方に対応して自らのスタンスを決める「察し合ひの文化」は、わが戦歿者の慰霊といふ国内専管事項に干渉してくる外国に対しても、入口の所で拒まずに耳を傾けてしまふ。独立国家の聖域まで土足で上がり込んで来る国に対しても、ほとんどのメディアはその言ひ分に一目も二目も置かうとする。自国の立場をとことん主張することを当然とする国際社会では、極めて異例の日本的な受容的対処である。日本人同士なら相互に相手を察し合って上手く行くはずの「察し合ひの文化」が、中韓の主張を前にしては一方的にこちらがその意を察するだけに終ってゐる。いつも受け身的で弁明的な対応に終始してゐるのは、そのためである。東京裁判史観の呪縛だけでは説明つかない》

かうした相手に合はせようとする文化的特質が現在の英語偏重の土壌となってはゐないだらうか、といふのが拙見である。「妖怪」が来た、グローバル化の時代が到来した、となれば、自分の足元を見失ってまで、それに歩調を合はせようとする。英会話が大事だ！と浮き足立ったやうに、小学校から、否、入学前から英話に親しませなくてはいけないとなる。日本人は「英語」に合はせようとしてゐる！。この「相手」を信頼し切ったところに成り立つ「お人好し」にも見える日本人の素晴らしい伝統的な文化土壌が「小学校英語」をもたらし、それが日本人と日本の将来を危うくしようとしてゐる。なんとも皮肉なことになってゐる。この観点からも小学生英語を見据ゑる必要があると考へるのである。

せめて、敬意と感謝の念を抱きつつ先人を仰ぐといふ東西に普遍の教育理念が再建されて「日本人の育成」を明確に指向する学校教育がなされてゐればまだしも、そこから遥かに遠い現状での「小学校英語」は幾重にも問題を抱へてゐるのである。尤も国民教育の理念がしっかりしてゐたら、今日のやうな小学校英語は存在しないだらうが。

第七章　「平和記念都市」となった被爆都市・広島

——問題あり！「平和記念式典」——

公式には慰霊碑ではなかった
（広島平和記念資料館発行『図録　ヒロシマを世界に』から）

原爆死没者慰霊碑（公式名：広島平和都市記念碑） ③
1998（平成10）年8月6日

碑が建立された1952（昭和27）年から、碑前で平和記念式典を開催している。式典では、1年間に亡くなったり、新たに死亡が確認された被爆者の氏名を書き加えた原爆死没者名簿を、石室に奉納する。石室の正面には「安らかに眠って下さい　過ちは繰返しませぬから」と全人類の平和を誓う言葉が刻まれ、この碑を訪れて祈りを捧《ささ》げる人は絶えることがない。

平和記念式典（広島）と平和祈念式典（長崎）

（8月6日）

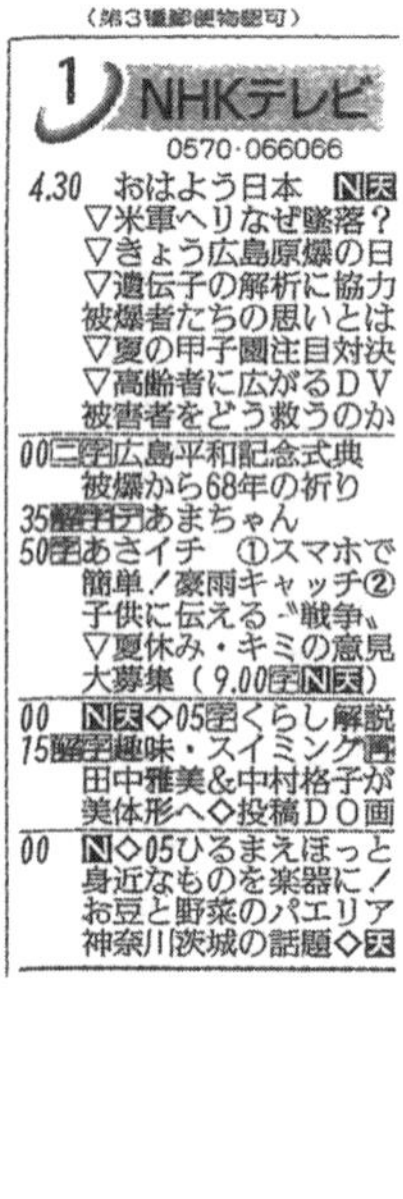

（第３種郵便物認可）
1 NHKテレビ
0570-066066
4.30　おはよう日本　N天
▽米軍ヘリなぜ墜落？
▽きょう広島原爆の日
▽遺伝子の解析に協力
被爆者たちの思いとは
▽夏の甲子園注目対決
▽高齢者に広がるＤＶ
被害者をどう救うのか
00二字広島平和記念式典
被爆から68年の祈り
35解字デあまちゃん
50字あさイチ　①スマホで
簡単！豪雨キャッチ②
子供に伝える〝戦争〟
▽夏休み・キミの意見
大募集（9.00字N天）
00　N天◇05字くらし解説
15解字趣味・スイミング画
田中雅美&中村格子が
美体形へ◇投稿ＤＯ画
00　N◇05ひるまえほっと
身近なものを楽器に！
お豆と野菜のパエリア
神奈川茨城の話題◇天

（8月9日）

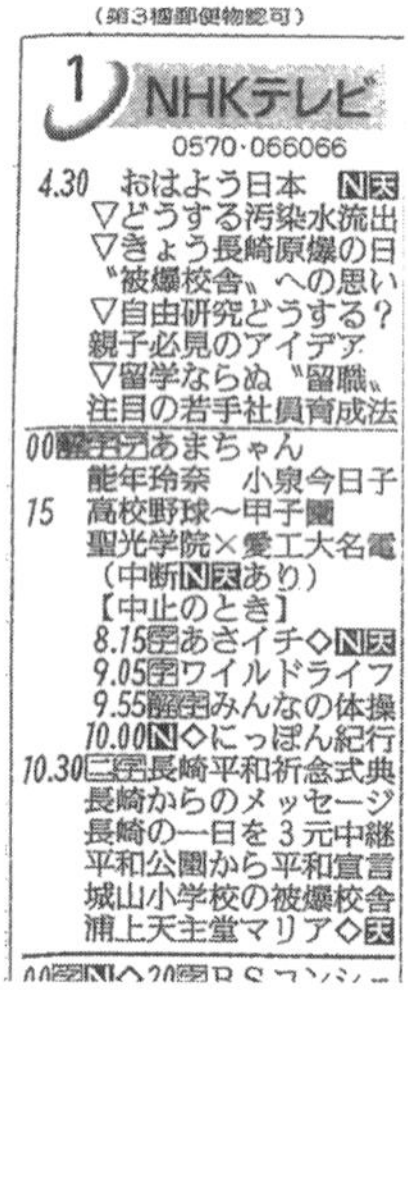

（第３種郵便物認可）
1 NHKテレビ
0570-066066
4.30　おはよう日本　N天
▽どうする汚染水流出
▽きょう長崎原爆の日
〝被爆校舎〟への思い
▽自由研究どうする？
親子必見のアイデア
▽留学ならぬ〝留職〟
注目の若手社員育成法
00解字デあまちゃん
能年玲奈　小泉今日子
15　高校野球〜甲子園
聖光学院×愛工大名電
（中断N天あり）
【中止のとき】
8.15字あさイチ◇N天
9.05字ワイルドライフ
9.55解字みんなの体操
10.00N◇にっぽん紀行
10.30二字長崎平和祈念式典
長崎からのメッセージ
長崎の一日を３元中継
平和公園から平和宣言
城山小学校の被爆校舎
浦上天主堂マリア◇天

慰霊碑は「平和都市記念碑」だった

少々古い話になるが、平成十四年八月二十日付の日刊紙に「入館者五千万人に」といふ見出しで「開館から四十七年になる広島市中区の原爆資料館の入館者数が十九日、五千万人を突破した」云々の小さな記事（神奈川新聞）が出てゐた。「五千万人突破」の一週間ほど前に、同館を訪ねてゐたので、自分もその中の一人なのかといささかの感慨めいたものを覚えたのだった。もっとも私の場合は三度目の入館ではあったが（入館者は例年百二、三十万人ほどで平成二十四年度までの累計では六千三百万人を超えてゐるとのことである）。

この記事に書かれてゐる原爆資料館といふのは通称であって、「広島平和記念資料館」といふのが正しい呼称である。同館で買ひ求めた『図録　ヒロシマを世界に』（以下『図録』と表記）を見るまで、迂闊にも原爆資料館が通称であったとは全く知らなかった。右の新聞記事でもさうだが、原爆資料館の方が一般には通りがいいやうだし、各メディアの報道でも「原爆資料館」が頻出してゐる。しかし、昭和三十年八月の開館当初から「広島平和記念資料館」が正式な名称なのである。

恒例の八月六日の慰霊式典はどうであらうか。正しくは「広島市原爆死没者慰霊式並びに平和祈念式」といひ、略して「平和記念式典」とも呼ぶ。市の文書にも「平和記念式典」と添へ書きがなされてゐて、担当の関係者が口称する時は専ら「平和記念式典」とか単に「平和式典」とかと言ってゐるやうだ。『図録』では「平和記念式典」がメーンの書き方になってゐるし、当日の新聞のテレビ番組欄でも「広島平和記念式典」となってゐる。「祈念」と「記念」とでは、意味内容が随分と違ふはずなのだが…（ちなみに長崎市の場合は「原爆資料館」であり「長崎原爆犠牲者慰霊平和祈念式典」である。テレビの番組欄も「長崎平和祈念式典」となってゐる）。

左記は平成十四年の式典の模様を伝へる新聞記事（同年八月七日付の産経新聞）の一節である。

午前八時から始まった式典では、秋葉市長と遺族代表が、昨年八月六日以降今年八月五日までに亡くなった原爆死没者四千九百七十七人の名簿二冊を新たに原爆慰霊碑に奉納。名簿は計七十九冊、死没者は二十二万六千八百七十人となった。

名簿の奉納は年毎の式典で繰り返されてゐる。ここに出てくる原爆慰霊碑とは言ふまでもなく「原爆死没者慰霊碑」のことである。これがまた正式の呼び名ではないのだ。

例の、原爆を投下した者の存在を曖昧にしてゐるとかねてから俎上に挙げられてきた「安らかに眠って下さい　過ちは繰返しませぬから」（広島大学・雑賀忠義教授の撰文と揮毫）との文字が刻まれてゐる碑は、昭和二十七年八月六日に除幕されたものだが、何とその正しい名称は「広島平和都市記念碑」といふのである。このことも『図録』を見て、初めて知った。

原爆資料館ならざる平和記念資料館にも少々、考へさせられはしたが（本当は被爆資料館と呼ばれるべきものだらうが）、それ以上に「平和都市記念碑」には驚かざるを得なかった。慰霊のための碑と思ふからこそ、そこに毎年、被爆死没者の名前を記した新たな名簿が納められても、遺族も参列者も違和感を覚えないのではないのか。広島を訪れた人達が何に故に花を供へ線香を手向けて、合掌してゐるかといへば慰霊碑だと思へばこそであらう。その拝礼の対象とされてゐる碑の公式名称が「広島平和都市記念碑」といふのでは、何か悪い冗談を聞かされてゐる感じがして仕様がないのである。

「祈念」と「記念」では大違ひだ

念のため、ここで「祈念」と「記念」の語義について、手元の国語辞典を参照しつつ、確認しておかう。『広辞苑』『大辞林』『新潮国語辞典』その他で見比べた結果を記すと、祈念とは「（神仏に）祈り目的の達成を念じること」「祈願すること」「いのり」といふことだし、記念は「過去のことを後日の思ひ出の種に残しておくこと」「過ぎ去った物事を思ひ起すこと」「かたみ」となる。

従って「平和祈念式」ならば、平和であらんことを、「争ひの無き世」の実現を人事を超えた神仏に向かって祈るといふことになるだらう。その意味で「原爆死没者慰霊式典並びに平和祈念式」といふのは、死没者のみ霊よ安らかなれとお祈りし平和を切に祈願するといふことだから、人の心の自然な動きに即してゐるといっていい。ここでの焦点は被爆の事実に紋られてゐるし、それを踏まへつつ平和でありたいと今日もこれからも祈り続けるといふ意味合ひになるからである。

しかし、「平和記念式典」となるとどうなるだらうか。辞義から行けば、過去の「平和」を思ひ起すための式典といふことになる。即ち「八月六日の被爆」の事実が「平和」と直列的に置かれてゐる。被爆を想起する際の心理的プロセスとしては、まづ「平和」を思ひ浮かべ、そのフィルターを通して被爆に辿り着くことになる。

しかも、ここでの平和は無条件で良い事とされてゐるから、平和記念式典の語意から類推して行くと、原爆の投下は平和の到来（戦争の終結）を早めるためのものだったとする米国側の口振りに似て来ざるを得ない。原爆の投下によって平和がもたらされたのだ！といった具合に。その「平和の到来」を忘れることのないやう思ひ起すための式典が平和記念式典なのである。

現在、平和公園内には平成十四年八月に開館した国立の施設がある。その名称は「国立広島原爆死没者追悼平和祈念館」である。翌平成十五年七月には長崎でも原爆資料館に隣接して「国立長崎原爆死没者追悼平和祈念館」がオープンしてゐる。ことさらに「平和」の二文字を附した感じがしなくもない。次元の違ふ話だが、国費を投じて横浜市に建設された催物会場の通称「パシフィコ横浜」の正式名称は「横浜国際平和会議場」である（平成六年四月全館オープン）。ここにも平和が附けられてゐる。平和の語を多用することで、いつとはなしに「戦ひ」の時代を「過ち」多き時代と突き放し、そこに生きざるを得なかった先人の労苦に思ひが及ばなくなってゐるのではなからうか。「平和記念式典」の文字をにらんでゐるとついそのやうなことまで考へてしまふ。

平和記念式典執行の「隠された」論理

原爆投下当時、翌八月七日に声明を発したトルーマン米国大統領は、その中で次のやうに述べてゐた。

　われわれは今や、日本国内のどんな都市の機能でも、さらにあますところなく迅速かつ完全に抹殺する準備を整えつつある。われわれは日本中のドックといわず、工場といわず、交通網といわず吹きとばすだろうし、疑いもなく日本の戦争遂行の能力を根こそぎ粉砕するだろう。（中公『日本の歴史』25）

「平和」は「日本の戦争遂行能力の粉砕」によって到来したのであった。その前段階で数多の死没者が出たわけだが、その結果、招来された「平和」を全面肯定し、そこに今日の起点を見い出すのが平和記念式典執行の裏に隠された論理である。従って、そこでは間違っても「日本の戦争遂行能力」の一翼を担って傷つき斃れた同胞へ思ひが及ぶことはないし、恒例の式典で発表される市長の平和宣言なるものが、被爆死者追悼の言葉はあるものの、慰霊よりも大向うの請けを狙った政治的パフォーマンスに力点が置かれてしまふのも理の当然だらう。

言葉は不適切かも知れないが被爆者を踏み台にして、いかに自分が「平和」を熱烈に希求してゐるかを強調するところに平和宣言の目的があるやうに思はれてならないのだ。従って、現在の自分の立場や考へをアピールしようとするあまり、とんでもない文言が平和宣言に盛り込まれてしまふ。

平成三年の八月六日に発せられた当時の平岡敬市長の宣言には次のやうな一節があった。

日本はかつての植民地支配や戦争で、アジア・太平洋地域の人々に、大きな苦しみと悲しみを与えた。私たちは、そのことを申し訳なく思う。

どこで何を言はうとも全く市長の自由であるが、それなればこそ時と処を考へて発言する責任を負はなければならないわけだが、少なくとも八月六日の式典において「慰霊碑」の前で発する宣言の内容としては場所柄を弁へない非常識の一言に尽きる所行であった。ところが類似の文言が、この非常識が、その後も平成七年まで毎年続くのである。もともと「平和記念式典」は、慰霊ではなく「平和」に焦点が当られてはゐるのだから仕方がないにしても、その心根はあまりにも貧しく悲しいことではなからうか。

私が三度目に原爆資料館に足を踏み入れた平成十四年は米国同時多発テロ事件の翌年だった。当時の秋葉忠利市長による平和宣言は、同時多発テロ以降の米国の軍事対応への批判色が濃すぎると産経新聞の社説（「あまりに尖《とが》っていないか」）は批判してゐた。しかし、いくら反米色が濃厚であらうとも、平和記念式典の平和宣言である限りは「日本の戦争遂行能力を粉砕する」ことで実現した「平和」に疑問を呈することはない。

即ち、ポツダム宣言第九項による「日本国軍隊の完全なる武装解除」といふ非常時の措置を恒常化制度化してゐるＧＨＱ製（ＧＨＱの実態は米国だった）の「日本国憲法」に疑義を申し立てる気遣ひはさらさらないのである。「戦争の放棄、戦力不保持、交戦権の否認」を謳ふ実質米国製の憲法を拠りどころに、米国政府を批判してゐるのだから、まるで駄々っ子のやうである。ここ十年ほどの平和宣言を見ると、単なる「平和憲法」も出て来るが、さらには「日本国憲法が掲げる崇高な平和主義」、「世界的評価が益々高まる日本国憲法」、「世界に誇るべき平和憲法」といった憲法賛歌が繰り返されてゐる。

「平和記念」の四文字が頻出する理由

以上の如く見てくると、略しては「平和記念式典」とは言ひながらも、八月六日の式典の正式な名称が「広島市原爆死没者慰霊式並びに平和祈念式」であることはせめてもの救ひである。しかしながら平和祈念式と平和記念式典の二枚看板はやはり異常といふ他はない。譬へていへば、それぞれが逆方向に駆け出さうとしてゐる二頭立の馬車のやうなものである。或いは同じ馬車に乗ってはゐても、乗客（参列遺族）と馭者（市長）の懐ひは天と地ほどにも乖離してゐるのだ。

前述したやうに、毎夏、死没者名簿が奉納される碑が、恐らく慰霊碑としてのみ認識されてゐるその碑が、公式には「広島平和都市記念碑」と呼ばれるものだといふのだから、恐るべき喰ひ違ひである。これではまるで被爆死没者は「平和都市」到来の礎になったといはんばかりであるが、祈念と記念をめぐる擦れ違ひが生み出した笑ふに笑へない悲喜劇である。ただ正式な言ひ方はどうであれ、慰霊碑と思へばこそ、人々は線香を手向けて合掌してゐる。この現実には重いものがある。

平和記念資料館、平和都市記念碑、平和記念式典と見てきて、それらを含む地域一帯をさらに「平和記念公園」と呼ぶ。なぜ、かくも「平和記念」の四文字が頻出するのだらうか。さらに「平和大通り」に「平和大橋」「西平和大橋」、さらには「ひろしま国際平和マラソン」である。この平和頻出の疑問は前出の『図録』を繙くことで、氷解した。実は戦後の広島市は「平和記念都市」の大看板を掲げて復興が本格化してゐたのだった。『図録』を参照しつつ、さらに若干、調べてみたことを加へて記すと大概、次のやうなことであった。

昭和二十四年五月十日、衆議院本会議は満場一致で、広島市を「平和記念都市」とする記念都市建設法案を可決してゐる（長崎市は「国際文化都市」として建設するとした）。この法案は参議院でもすぐ可決されたのだが、この法律は一地方公共団体にのみ適用される特別法のため憲法第九十五条の規定によって、公布の前に住民投票による同意が必要であった。

そこでわが国初の住民投票が同年七月七日に実施されてゐる。『図録』には「広島平和記念都市建設法――一人もれなく投票だ!!――平和の象徴　郷土の建設」と投票を呼びかける市選管のポスター――の写真や無蓋《がい》トラックの荷台の上から投票参加を叫ぶ人達の写真が収められてゐる。

投票の結果、七万千八百五十二票の賛成（投票率六割五分、賛成率九割一分弱）を得て、八月六日に予定通り公布されてゐる（ちなみに長崎市でも七月七日に投票が行はれ、七万九千二百二十票の賛成〈投票率七割三分強、賛成率九割八分〉であった）。

人的に物的に壊滅的な被害を蒙った広島市を一日も早く復興させるために特別法の制定が企図されたのは時宜にかなった措置だっただらう。制定まではＧＨＱ（連合国総司令部）や国会に対する関係者からの「積極的な働きかけ」があった旨を『図録』は伝へてゐる。被占領下でのことであれば、他の何よりＧＨＱの諒解が重要なことだったに違ひない。主権喪失の被占領期はＧＨＱのゴーサインが無ければ国会とて動けなかったのだから。

ともかくも、この法律によって特別な財政援助が実施され、軍用地等の国有財産の無償払下げが可能になった。「同法に支えられて、平和記念公園や百メートル道路、橋梁、公営住宅などの都市基盤が整備された」（『図録』）のである。被爆都市・広島は「恒久の平和を誠実に実現しようとする理想の象徴」として建設するといふ平和記念都市建設法によって、「平和記念都市」といふ大きな網を被せられてしまったのである。「平和祈念式」と「平和記念式典」とが共存する捩れ現象の根は、ここらあたりにあるやうに思はれるのである。

復興、都市再建といふ眼前の課題の解決には平和記念都市建設法は大きな力にはなったださうが、しかし平和記念公園にある平和記念資料館の中で被爆資料が展示されるといふ倒錯した現実を生み出してゐる。「被爆」と「平和記念」とが同義となってしまった！

昭和二十七年三月、広島市は平和記念都市建設法による「広島平和記念都市建設計画」を決定してゐるが、平和記念都市の中の「平和記念公園」だから、そこに建てられる碑も「平和都市記念碑」（同年八月六日除幕）といふことになったに違ひなからう。その点は正確には確認してゐないが、「平和記念都市建設法」の制定にともなって「この地区一帯を平和記念施設として整備することになった」旨が資料館のボードに記されてゐた。

従って平和記念都市建設法→平和記念公園→平和都市記念碑→平和記念資料館→平和記念式典といふ「思考」の流れは大筋としては間違ってはゐないだらう。全ては平和記念都市建設法に発してゐる。否、復興のための特別法の「名称」に由来してゐる。

もっとも平和記念式典は昭和二十二年の「広島平和祭」と「慰霊祭」に始まるとされるから、その出発点は平和記念都市建設法制定の前ではある。しかし「被爆の事実」が平和の連呼（平和都市建設法）で見えにくくなったのではないかとする拙文の趣旨は真相から逸れてゐるとは思はれない。被爆はそのまま平和の始まりであるとするのが「平和記念式典」であるからである。

「人類の明るい未来を切り拓いていくことを誓う」碑文

冒頭部で「安らかに眠って下さい　過ちは繰返しませぬから」の碑文には、かねてから原爆を投下した者の存在が不明確にされてゐるとの批判があると記した。このことについて少し考へてみよう。

碑文にいふ「過ち」を犯した主体は誰なのか、曖昧ではないかとの声は竣工直後からくすぶってゐた。碑が除幕された昭和二十七年の秋、広島市を訪れたインドのパール博士（東京裁判の際の十一人の判事の中、唯一の国際法の専門家と言はれ、所謂日本無罪判決で名高い）は、碑文の意味を問ひ、「過ちは誰の行為をさしているのか。もちろん、日本人が日本人に謝っていることは明らかだ。それがどんな過ちなのか」「ここで祀ってあるのは原爆犠牲者の霊であり、その原爆を落した者は日本人でないことは明瞭である…」と疑問を呈し、原子爆弾を落した者の責任の所在が明らかにされてゐない旨を語ってゐる（田中正明著『パール博士のことば』）。

当然に国内からも批判の動きが続き、くすぶってゐた声はつひには言論批判の域を越えて、私が三度目に原爆資料館を訪れた平成十四年の三月には碑に掛けられた赤いペンキが中の死没者名簿を汚すといふ事件が起きてゐる。さらに碑文の「過ちは」の箇所がハンマーで傷つけられ碑石を造り直す事件（平成十七年七月）まで発生してゐる。

かうした破壊行為が許されないことは言ふまでもないが、次のやうな広島市のホームページを目にすると、いささか考へ込んでしまふ。自ら「原爆死没者慰霊碑の碑文は、被害者である日本が〝過ち〟を犯したような文言となっており、改めるべきではないか」と設問した上で、

（回答）

…（略）…「二度とヒロシマを繰り返してはならない」と決意しました。そして、原爆犠牲者の冥福を祈るとともに、戦争や核兵器の使用という過ちを繰り返さず人類の明るい未来を切り拓いていくことを誓う言葉として、広島平和都市記念碑（原爆死没者慰霊碑）に「安らかに眠って下さい　過ちは繰返しませぬから」と刻みました。碑文の趣旨は、原爆の犠牲者は、単に一国・一民族の犠牲者ではなく、人類全体の平和のいしずえとなって祀られており、その原爆の犠牲者に対して反核の平和を誓うのは、全世界の人々でなくてはならないというものです。つまり、碑文の中の「過ち」とは一個人や一国の行為を指すものではなく、人類全体が犯した戦争や核兵器使用などを指しています。…（略）…

パール博士の言葉を持ち出すまでもなく、ここでは原爆を投下した者の「主体」はぼかされ、「原爆犠牲者の冥福を祈る」とは言ひながら、その焦点は「人類の明るい未来を切り拓いていくことを誓う」ことの方に遷されてゐる。「戦争」と「核兵器の使用」を同列に置いたことで、核兵器（原子爆弾）を使用した者の存在は相対化されてしまった。文明史的には「人類全体の平和のいしずえ」になったといふのは分らなくはないが、被爆の事実は「人類の明るい未来を切り拓く」出発点にされてゐる。原爆を投下した者に焦点が絞り込まれることのないやうに無理に筆を進めてゐるやうに感じられてならない。はぐらかされてゐる感じがして仕様がない。

右の（回答）の締めくくりは「今日では、碑文に対する疑問の声はほとんど聞かれず、本市としては碑文の修正は全く考えておりません」となってゐて、批判する者を突き放してゐる。しかし、自ら「文言を改めるべきではないか」と問を発して、縷々、回答してゐるところから判断すると、「今日では、碑文に対する疑問の声はほとんど聞かれず」云々は本当だらうかとつい思ってしまふ。かうした自問自答が市のホームページに載せられてゐること自体、疑問の声の存在を物語ってゐるのではなからうか。もし疑問の声が聞かれなくなってゐるとしたら、そのこと自体が問題であらう。やはり碑文そのものが昏迷の産物であったと言はねばならない。

パール博士も、原爆死没者慰霊碑が正式には「平和都市記念碑」であったとはご存知なかったであらうし、博士に同行してゐた田中正明氏らも慰霊碑との認識で案内してゐたことだらう。

GHQは「被爆を直視させたくなかった」？

被爆都市・広島の復興再建のため特別法の名称が、もし「歴史文化都市建設法」とか「山陽産業中核都市建設法」とかといふものだったとしたら、どうだっただらうか。広島市の復興と繁栄ぶりは今日の姿とそれほどは違ってゐなかっただらう。しかし、その場合、平和祈念公園はあり得ても「平和記念公園」や「平和記念資料館」はなかったのではなからうか。「平和都市記念碑」はストレートに慰霊碑となってゐたのではなからうか。

昭和二十四年九月、広島市の中央公民館の内に設けられた「原爆参考資料陳列室」が被爆資料の常設展示のスタートだった。この陳列室の資料を引き継いだのが、昭和三十年八月に開館した「平和記念資料館」である。仮に広島市が「平和記念都市」を目指してゐなかったとしたら、その後、陳列室の拡充が図られたにしても、平和記念資料館といふ名の建物は存在しなかったのではなからうか。

平和記念都市といふ網を被せられたことによって、「被爆」は「平和記念」に取って代はられ「平和」の起点・基点といふことになったのである。穿《うが》ちすぎなのかも知れないが、GHQは「平和記念都市建設法」といふ地域復旧再建の特別法を制定することで、「原爆投下は平和の到来を早めた」といふ自らの立場を広島市民の間に広め普及させようとしたのではないのか。そのやうな策士がどこかに隠れてゐてもをかしくはない。日本国民がストレートに被爆に向き合ふことを恐れた策士が…。「さうなると日本人は手強いぞ…」と。

どう考へてみても、八月六日の式典の中心に「平和都市記念碑」が据ゑられてゐるのは只事ではない。平和記念公園の建設は、設計公募（昭和二十四年四月）に応じた丹下健三氏（当時、東大教授）のグループに委ねられたのだが、平和都市記念碑（昭和二十七年八月除幕）も丹下氏の設計である。死没者名簿を納める石室を半長円型の石造屋根が覆ふ形式の碑であるが、石室の部分に例の銘文が刻まれてゐる。広島市のホームページには「原爆犠牲者の霊を雨露から守りたいという気持ちから屋根の部分がはにわ（埴輪）の家型をしています」と記されてゐる。

もしさうならば、なぜ「慰霊碑」とならなかったのだらうか。「平和記念都市」として広島市の復興を図るといふ建前が、ここに何らかの影を落してはゐないだらうか。その建前が被爆を「平和」の仮装で包まうとする策士の活動を容易にした⁉

ともかく、被爆死没者の慰霊のあり方を考へる際に、いつも話題になるのが「安らかに眠って下さい　過ちは繰返しませぬから」の碑文である。しかし、以上、見て来たやうに問題とすべきはそれだけではない。主体を不明確にした銘文は「平和記念都市」の建設といふ目眩《くら》ましを浴びせられた結果のひとつに過ぎない。略称とはいへ平和記念式典といふ言ひ方も大問題だし、平和都市記念碑も平和記念資料館も問題である。慰霊碑として見られ扱はれてはゐるが、名実ともに兼ね備はった慰霊碑ではないのだ。

勿論、平和記念公園内には学校や職場ごとの慰霊碑や供養塔が多く建てられてゐる。しかし、八月六日の広島市主催の「慰霊式典」の核心に立つものは慰霊碑ではない。刻まれてゐる文言もをかしければ、碑の名称も被爆の事実から大きく逸れてゐる。真相を隠蔽するものである。

八月六日が巡って来るたびに、慰霊の懐ひで幾多の人達が、合掌し祈りを捧げてゐるこの重い現実をまづ正視しなければならない。このままでさらに五十年百年と時が経過すると、「広島市原爆死没者慰霊式並びに平和祈念式」の正式の呼称が消えて、「平和記念式典」オンリーになってしまふかも知れないと思ふのは杞憂だらうか。

「原爆ドーム」の世界遺産登録で過剰反応した米国

一九九六年（平成八年）十二月五日、ユネスコは日本政府が推薦する「原爆ドーム」を世界の文化遺産に登録することを決定した。政府の原爆ドーム推挙は広島市議会の「原爆ドームの世界遺産化を国に求める意見書」の採択（平成四年九月）など地元の要請を受けてのものであったが、かうした動きを日本はまだ被爆を忘れてはゐない、原爆投下された事実を直視し始めたと米国政府の一部からは見えたらしい（原爆ドームも本来は「被爆ドーム」と呼ぶべきものだらう)。「戦争関連の施設は本質的に論争の的になりがちだ」とするのが、原爆ドームの登録について不支持を表明した米国政府の態度であった。ユネスコの決定に先立って十二月三日、米国司法省は旧軍関係の日本人十六名の入国禁止措置を発表してゐる。

かうした米国側の反応はいまなほ、自らの原爆投下を強く意識してゐることを示すもので、その意味では戦前戦中も戦後も何ら変ることない路線を歩む「生命力を秘めた国家」の自己防衛的な自然なる反応であった。確かに、原爆ドームの世界遺産登録が、米国に警戒心を抱かせるほどに日本人が被爆を自らの屈辱と受け止め、それを足場にして、外交や国防施策、平和のあり方を考へる契機となるならば被爆死歿者の霊も少しは浮かばれるだらう。しかし、原爆ドームは「時代を越えて核兵器の究極的廃絶と世界の恒久平和の大切さを訴え続ける人類共通の平和記念碑」として登録されたのであって、米国側の警戒は的外れといふ他はなかった。「Hiroshima Peace Memorial, Genbaku Dome」といふのが登録の正式な名称である。

原爆資料館への入館者が五千万人を突破した平成十四年の式典に参列した当時の小泉純一郎首相は献花の後の挨拶の中で「平和憲法を順守し…」と「平和」への決意を語ってゐた。被占領期にGHQスタッフが起草した「武装解除制度化」(第九条)の憲法を首相自ら「平和憲法」と呼称してゐたのだから、まだ米国の「恐れる」日本にはなってゐない。安全保障上の真のパートナーとしてはまだまだ不十分だと言ふことである。

第八章　『葉隠』覚書——武士道の普遍性を今日に語る書——

「葉隠国際シンポジウム」の報告書（下段）
葉隠研究会の古賀秀男会長（佐賀女子短大名誉教授）と葉隠研究会名誉会員のステイシー・B・デイ博士（ニューヨーク医科大学教授）によって編集され、「東西文化の視点から」の副題の付いた日本語と英語の各一冊から成る（一九九三年刊）。

心のダンディズム

「端的只今の一念より外はこれなく候」

大雨の箴《いましめ》と云ふ事あり。途中にて俄雨《にはかあめ》に逢ひて、濡れじとて道を急ぎ走り、軒下などを通りても、濡るる事は替らざるなり。初めより思ひはまりて濡るる時、心に苦しみなし、濡るる事は同じ。これ万づにわたる心得なり。（一―七九）

所謂武士道ブームに刺激されて気になってゐた『葉隠』を読んでみた。『葉隠』（享保元年〈一七一六〉成立）といへば、佐賀鍋島藩士山本常朝《じょうちょう》の語録を中心としたものだが、「武士道といふは、死ぬ事と見付けたり」云々（一―二）の一節があまりにも強烈で一人歩きしてゐる。そのため死に急ぎ!?を奨める内容の書であるかと思ひきや、さにあらずで武士としての日常の大切さを繰り返して説いてゐる。もちろん「どこを切つても鮮血のほとばしり出るやうな本」（岩波文庫本「はしがき」、古川哲史氏）であることは言ふまでもない。しかし、右に引用したやうに、自づと「頬がゆるむ」やうなことも記されてゐる。

外出時、思ひも懸けない俄雨に見舞はれた際など、雨を除《よ》けようと小走りに軒下などを通らうとするものだが、それでも結局は濡れてしまふ。今日でも誰しも幾度かは経験してゐることだらうが、どうせ濡れるのだから、軒下に駆け込むやうなことはせずに初めから堂々と「思ひはまりて」濡れるにまかせればいいではないかといふのだ。

この箇所を例示して『葉隠』は、世の合理主義と正反対の「男のダンディズム」「心のダンディズム」「心のおしゃれ」を説いてゐる本ではなからうかとの評（井口《いのくち》潔氏「『葉隠』二十一世紀に生きる智恵」）には思はず膝を打ちたくなるやうな共感を覚えた。武士が日々求め実践に努めたものを一口で表現するとするならばこれに相違あるまいと妙に納得させられたのである。「心のダンディズム」「心のおしゃれ」とは味のある評言だと感心させられた次第である。

人中にて欠伸《あくび》仕り候事、不嗜《ふたしなみ》なる事（日常の心掛けが足りないこと）にて候。計らず欠伸出で候時は、ひたひ撫で上げ候へば止み申し候。さなくば舌にて脣《くちびる》をねぶり口を開かず、また襟の内袖をかけ、手を当てなどして、知れぬ様に仕るべき事に候。くさみも同然にて候。…（一―一七）

「端的只今の一念より外はこれなく候。一念々々と重ねて一生なり。ここに覚えつき候へば、外に忙《せは》しき事もなく、求むることもなし。ここの一念を守つて暮すまでなり。…」（二―一七）を旨とする常朝にとっては、予期せぬ俄雨はもとよりのこと、計らずして襲ひ来る欠伸も平生から忽《ゆるが》せにしてはならないといふことだ。従って「翌日の事は、前晩より案じ、書きつけ置かれ候。…前夜より向様《さきさま》の事万事万端、挨拶咄《ばなし》、時宜等の事迄案じ置かれ候…」（一―一八）と、いかなる折も「只今の一念」ゆめゆめ油断召さるなとなるのは当然である。

冒頭に引用した一節は俄雨を例にして平生の覚悟を問ひ糺したものだ。その箇所を読んで「頬がゆるむやうだ」とするのは、「これ万づにわたる心得なり」とする結句の「大きさ」から見て、本当は読みが浅いのだらうと反省せざるを得ない。「心のダンディズム」は、日々の行動振る舞ひを通してしか窺ひ知ることができない「より本質的なおしゃれ」である。他人の目を誤魔化すことはできても自分自身の胸中を偽ることを許さないものが「心のおしゃれ」である。

「常住死身になりて…武道に自由を得…」

「武士道といふは死ぬ事と見付けたり」といふ人口にも膾炙してゐる一節（一―二）も、「端的只今の一念」に思ひを集中せよといふことなのである。その本旨は「迷ふことなく常に至難の方途を取れ！」そして「生き恥をさらすな！」となるのである。

「死ぬ事と見付けたり」の言葉に続けて、右するか左するかを決める際は躊躇なく「死ぬかた」を取れと言ふ。理由は「腹すわつて進む」ためである。どちらが正しくて間違ひがないかはさう簡単には決められるものではない。ただ人間は易きを求めるものだから、理屈をつけてそちらの方を選びたがるものだ。そのために「図にはづれて」（予想した通りにならず）

大恥をかくことになるのだ。敢へて困難な途を選び取れば仮に「犬死気違」と言はれることはあっても、生き恥をさらすことだけはないと説く。何とも激しいが、闇雲に「死ぬ事」を称揚してゐるわけではない。「思ひはまりて」「腹すわつて」事に処すためなのである。

…我人、生きる方がすきなり。多分すきな方に理が付くべし。若し図にはづれて生きたらば、腰抜けなり。この境危ふきなり。図にはづれて死にたらば、犬死気違なり。恥にはならず。これが武道に丈夫なり。毎朝毎夕、改めては死に〱、常住死身になりて居る時は、武道に自由を得、一生越度《をちど》なく、家職を仕果すべきなり。（一―二）

敢へて至難の途を決断し「常住死身になりて居る時は」どうして自由が得られるのか。何事によらず自己決定権といふ名の「自由」が満ち溢れ、それ故に日々増大する「不満」に取り囲まれてゐる現代人には分り難《にく》いことかもしれない。しかし、『葉隠』はそこでこそ自由が得られると説く。

なぜか、その際は「腹がすわつて」正面から物事を見据ゑて真正面から課題を克服しようとしてゐるからである。気力・体力・胆力の全てが一点に注がれるからである。間違っても背を向けるやうなことはない。前向きに積極的に課題を解決せんと取り組む際は、心は躍動し頭も回転するものだ。さうなれば、過ちもなく事を仕残すこともなくなる。楽で容易いのはどちらの方だらうかなどと迷ひがあって、覚悟が定まらないから逆に心は動かず働かずで不自由になるのだ。取り組みがいい加減になるのだ。

『葉隠』は心の動きを精確に見つめてゐる。

「吉良殿病死の時は残念千万なり」

「只今の一念」の重さから赤穂義士の討ち入りについても一言を呈してゐる。「浅野殿浪人夜討も泉岳寺にて腹切らぬが越度なり」「上方衆は智慧かしこき故、褒めらるる仕様は上手なれども…」と手厳しい。そこに名利を求むる不純な心があったからだとするのである。そして「敵を討つ事延々なり」を指摘する。刃傷事件から討ち入りまでの一年九ヶ月余の間に「もしその内に吉良殿病死の時は残念千万なり」。結果として、喧嘩両成敗の慣習に反した幕閣の仕置き（お構ひなしの吉良上野介に対して、浅野内匠頭は即日切腹だった）に対する主君の無念を晴らすことにはなったが、吉良殿病死といふ事態もあり得たではないかといふのだ。苦節十八年にして本懐を遂げた「曽我殿夜討も事の外の延引」を指摘する。続けて左記のやうに説く。

…総じて斯様の批判はせぬものなれども、これも武道の吟味なれば申すなり。前方《まへかた》（以前）に吟味して置かねば、行き当りて分別出来合はざる故、大方恥になり候。咄を聞き覚え、物の本を見るも、兼ての覚悟の為なり。就中、武道は今日の事も知らずと思うて、日々夜々に箇条を立てて吟味すべき事なり。…（一―五五）

端的只今の一念に意を用ひるのは「兼ての覚悟の為」であり、「大方（ほとんど全部）恥になり」とならざるやうに平生から心掛けておかなければ、臨機の正しい対処はできないからだと日常を戒めるのである。

生きながらの殉死

山本常朝は佐賀鍋島藩の第二代藩主光茂に隠居後も含めて足掛け三十四年仕へた。主君歿後直ちに受戒出家を願ひ出て菩提を弔ってゐた。その草庵を訪ねた年下の田代陣基《つらもと》に向って士風の頽廃につき日頃からの深憂を語ったものが『葉隠』である。より正確には『葉隠』には常朝の語った歴代藩主の言行なども収められてゐる。〈聞書《ききがき》第一〉から〈聞書第十一〉までの全十一巻で千三百余の話（写本によって若干の違ひがある）から成り立ってをり、〈聞書第二〉と〈聞書第二〉の三百四十三話（岩波文庫本）が常朝の語録となってゐる。この拙文中の引用の末尾に記す例へば（一―二）は〈聞書第一巻〉の〈二番目〉の話の意である。

九歳の時、二十七歳年長の光茂に仕へた常朝は四十二歳の折の、元禄十三年（一七〇〇）に主君の死に際会した。「大名の御死去に御供仕る者一人もこれなく候ては淋しきものにて候」（一―一二）とする常朝にとって当然殉死することが考へられたであらう。しかし、殉死はただ腹を切ればいいといふものではなかった。殉死には許可が必要だった。許可なき追腹《おひばら》は犬死に過ぎない。ところが、寛文三年（一六六三）の幕府による殉死厳禁に先立つ二年前、既に光茂によって藩内に追腹禁止が命じられてゐたのである。

「鍋島藩は殉死が多いことでトップクラスであった」（古川哲史氏）といはれる。例へば光茂の先代の祖父勝茂が亡くなった際は二十六人が殉死してゐた。さうした佐賀藩で追腹厳禁の令が出された直接の契機は、光茂の叔父にあたる白石鍋島家の当主直弘が歿した際は家臣三十六人が殉死するとの情報が届いたからであった。その禁令制定は、常朝が仕へる以前のことで、光茂逝去の遥か前のことであった。

殉死することが禁じられてゐるのだから追腹のお許しを願ひ出ることなど土台、あり得ない。それでもなほ禁を破って主君に殉じたとしたらどうなるか。その時は一族郎党が罰せられるばかりか、主家にも改易や転封の処置が待ってゐる。これでは常朝とてどうすることもできない。常朝は出家を願ひ出るほかに術がなかったのだ。従って、その出家は「殉死の禁令を破らない殉死」（和辻哲郎氏）であり、「生きながらの殉死」（古賀秀男氏）にほかならなかったのである。

六十七十まで奉公する人あるに、四十二にて出家いたし、思へば短き在世にて候。それに付有難き事哉と思はるるなり。その時死身に決定して出家になりたり。今思へば、今時まで勤めたらば扨々《さてさて》いかい（はなはだしい）苦労仕るべく候。十四年安楽に暮し候事不思議の仕合せなり。…（一―三七）

右のやうに語る常朝ではあったが、耳にする藩内の弊風は真に憂慮に耐へないものであったに違ひない。

…又三十年以来風規打ち替り、若侍どもの出合ひの咄《はなし》に、金銀の噂、損得の考へ、内証事（家庭の暮し向き）の咄、衣裳の吟味、色慾の雑談ばかりにて、この事なければ一座しまぬ（弾まない）様に相聞え候。是非なき風俗になり行き候。昔は二十、三十ども迄も素より心の内に賤しき事持ち申さず候故、詞にも出し申さず候。…（一―六三）

常朝と陣基の出会ひ

「…只今花に尋合ひ」

三十三歳の陣基《つらもと》が常朝の庵を初めて訪ねたのは宝永七年（一七一〇）三月のことだった。常朝は五十二歳で、既に出家して十年の年月が経ってゐた。これを機に陣基は七年間、常朝の下に通ふことになるのである。元禄九年（一六九六）以来、御祐筆役として綱茂（第三代藩主）・

吉茂（第四代藩主）に仕へてゐた陣基は、常朝との出会ひの前年お役御免になってゐた。当時の陣基は失意の裡にあった。

『葉隠』の冒頭に「宝永七年三月五日初めて参会」として、

浮世から何里あらうか山桜　　古丸（常朝の号）

白雲や只今花に尋ね合ひ　　期酔（陣基の号）

の二句が掲げられてゐる。ここから両人の懐ひのほどが自づと浮び上って来る。

『葉隠』の成立に向けて武士たる者の日常の心得が書き留められてゐた時代は、関ケ原の戦（慶長五年、一六〇〇）を経て徳川体制が名実ともに盤石なものとなった「元和偃武《げんなえんぶ》」（元和元年、一六一五）から百年後の時代であった。三代、四代と世代を累《かさ》ねるうちに「…欲得我儘ばかりにて日を送り、行き当りては恥をかき、それを恥とも思はず、我さへ快く候へば、何も構はずなどと云つて、放埓《ほうらつ》無作法の行跡になり行き候事、返すぐ口惜しき次第にて候…」（一―六三）と嘆かなければならないほど士風が緩んでゐた。語る常朝は当然としても、それに劣らぬ真剣さで陣基が筆を執ってゐたであらうことは右の句から容易に察せられる。

「浮世」から離れて人知れず花開く「山桜」を詠んだ常朝の句には、あるべき姿から遠く隔たってしまった現実を眼前にする者の憂ひの気持ちが滲んで来るやうだし、やうやくにして良き師に邂逅することが叶ったとする「只今花に尋合ひ」の句からは、士風の立て直しを切実に願ふが故の喜びが汲み取れる。二人は憂ひを同じくしてゐたのだ。

その後、享保十六年（一七三一）、陣基は六代藩主宗茂の祐筆役に復してゐる。五十四歳になってゐた。

処世訓とは異質の深い洞察

生涯を『葉隠』研究に尽したと言っても良い元佐賀県立図書館長（佐賀女子短大名誉教授）の古賀秀男氏（平成十四年歿）は、常朝と陣基の出会ひをどう受け止めるかで『葉隠』の味はひ方は大きく異なって来るとして次の旨を述べてをられる（「『葉隠』成立の特色とその現代的意義」）。

二人の出会ひを軽く考へれば「ところどころに現代でも参考になりそうな処世訓がいくらか書いてあるという程度」で終るだらうが「重く受けとめると、『葉隠』は人間そのものを非常に深くとらえており、われらが人間社会を生きていく上で根源的に大切なものをよくわかるように丁寧に教えていると感得することができるであろう」と。

例へば次の箇所などではないかと思はれるがどうであらうか。引用が少々、長くなるがお許し願ひたい。

…久しく世間を見るに、首尾よき時は、智慧・分別・芸能（技芸）を以て御用に立ち、ほのめぎ廻る者多し。主人御隠居なされ候か、御かくれ（御逝去）なされ候時には、はや後ろむき、出る日の方へ取り入る者数多《あまた》見および、思ひ出してもきたなきなり。…何の御益《やく》にもたたぬ者が、件の時は一人当千となる事、兼々より（前々から）一命を捨て、主人と一味同心して居る故成り。御逝去の時ためしあり。日頃口を利き、張肘（帳付）をしたる歴々衆が、御目ふさがるとその儘、後ろむき申され候。主従の契、義を重くするなど云ふは、遠い事の様に候へども、目前に知れたり。唯今、一はまりはまれば、究竟の御家来出現するなり。（一―九）

…人の上の善悪を見出すは易き事なり。それを意見するも安き事なり。大かたは、人のすかぬ云ひにくき事を云ふが親切の様に思ひ、それを請けねば力に及ばざる事と云ふなり。何の益にも立たず。人に恥をかかせ、悪口すると同じ事なり。我が胸はらしに云ふまでなり。意見と云ふは、先づその人の請くるか請けぬかの気をよく見わけ、入魂《じっこん》（昵懇）になり、此方の言葉を兼々信仰ある様に仕なし候てより、好きの道などより引き入れ、云ひ様種々に工夫し、時節を考へ、或は文通、或は暇乞ひなどの折か、我が身の上の悪事を申し出し、云はずしても思ひ当る様にか、先づよき処を褒め立て、気を引き立つ工夫を砕き、渇く時水呑む様に請け合せ、疵《きず》直るが意見なり。…（一―一四）

追腹御停止になりてより、殿の御味方する御家中なきなり。幼少にも家督相立てられ候に付て奉公に励みなし。小々姓《こごしょう》（雑用を勤める元服前の小姓）相止み候に付て、侍の風俗悪しくなりたり。余り御慈悲過ぎ候て、奉公人の為にならず候。今からにても、小々姓に仰せ付けられたき事なり。十五六にて前髪取り（元服）候故、引き嗜む（心がける）事を知らず、呑み喰ひ、わる雑談ばかりにて、禁忌の詞、風俗の吟味もせず、隙をもつて徒ら事に染み入り、よき奉公人出来ざるなり。小々姓勤め候者は、幼少の時より、諸役見馴れ御用に立つべし。副島八右衛門四十二歳、鍋島勘兵衛四十歳にて元服なり。（一―一一三）

実に鋭く心の動きを洞察してゐる。人の心がいかに頼りなく動きやすいものかを、他者の心を摑むことがいかに難しいことかを（それは自らの心の動きを見つめることでもあるが）、そして易行に狎《な》れやすいが故に日々日常の実践と覚悟がいかに大事かを説いてゐる。たしかに「人間として大切な根源的なもの」を『葉隠』は読む者に突きつけてゐる。

『葉隠』の総論「四誓願」

「四誓願を、毎朝仏神に念じ候へば…」

前述のやうに『葉隠』には長短さまざまの千三百余の話が収められてゐるが、劈頭に「夜陰の閑談」と題する一文（文庫本の頁数で四頁ほど）を掲げてゐる。研究者によっては序章か総論に相当するとされるもので、前記の古賀秀男氏は「何よりもまずこの総論を最も入念に味読する必要がある」（同前）としてゐる。その「夜陰の閑談」は次のやうな「四誓願」で締めくくられてゐる。

…今の拙者に似合はざる事に候へども、成仏などは嘗て願ひ申さず候。七生迄も鍋島侍に生れ出で、国を治め申すべき覚悟、膽《きも》に染み罷り在るまでに候。気力も器量も入らず候。一口に申さば、御家を一人して荷ひ申す志出来申す迄に候。同じ人間が誰に劣り申すべきや。惣じて修行は、大高慢にてなければ役に立たず候。我一人して御家動かさぬとかからねば、修行は物にならざるなり。また、薬缶道心にて、さめ易き事あり。それは、さめぬ仕様あり。我らが一流の誓願、

一、武士道に於ておくれ取り申すまじき事。
一、主君の御用に立つべき事。
一、親に孝行仕るべき事。
一、大慈悲を起し人の為になるべき事。

この四誓願を、毎朝仏神に念じ候へば、二人力になりて、後へはしざらぬものなり。

尺取虫の様に、少しづつ先へにじり申すものに候。仏神も、先づ誓願を起し給ふなり。「御家を一人して荷ひ申す」ほどの「大高慢にてなければ」努めたところで物にはならないとするその一方で、人の心は「薬缶道心」で熱くなったと思ふとすぐに冷めてしまふものだと説くところが、やはり『葉隠』の魅力である。単に建前的な壮語を弄してゐるわけではないのだ。

決意の持続し難い人間が「七生迄も鍋島侍」でありたいとの思ひを持ち続けるためには如何なる日常であるべきかを四誓願を通して説くわけである。それを「毎朝仏神に念じ候へ」と奨めてゐる。どのやうな仮に怠惰な武士であったとしても「四誓願」の文面を提示された場合、異を唱へることはないだらう。しかし、字面を受け容れるのと「膽に染み罷り在るまでに候」となるのとでは遥かに次元を異にする。『葉隠』はあくまでも実践を問題にしてゐるのだ。観念のレベルではなく日常の挙措動作が四誓願によって貫かれてゐなければならないといふのが常朝の信念である。

従って、わが身に行ふべく朝毎に、神前仏前にて四誓願を自らの心に問へといふのである。尺取虫が「少しづつ先へ」にじり進むやうに、日々自分の心身に染み込ませ、「膽に染み込めば」しめたもの。その時は「気力も器量（才能）も入らず候」となる。四誓願と自分の行動は一体化してゐる。しかし毎朝、四誓願を仏神に念じることを怠れば、四誓願は何時になっても頭の中に止まってゐて、自分の行動を外から規制する標語に過ぎない。四誓願は体得され行はれなければならないのだ。

生れつきによりて、即座に智慧の出る人もあり、退いて枕をわりて案じ出す人もあり。この本を極めて見るに、生れつきの高下はあれども、四誓願に押し当て、私なく案ずる時、不思議の智慧も出づるなり。……（一―四）

「一向に主人を歎き奉るばかりなり」

「四誓願」の内容は順に武勇・忠義・孝行・慈悲となる。武士としてごく当然のことが語られてゐるやうだが、常朝はさらに次のやうに説いてゐる。

四誓願の琢《みが》き上げは、武士道に於て後れを取るべからず、これを武勇を天下にあらはすべき事と覚悟すべし。主君の御用に立つべし、これを家老の座に直りて諫言し、国を治むべき事と思ふべし。孝は忠に付くなり。同じ物なり。人の為になるべき事、これをあらゆる人を御用に立つ者に仕なすべしと心得べし。（一―一九）

ここで「主君の御用に立つ」とは家老の座に身を置いて「諫言」することだとしてゐる。

ただ単に君命を奉じようとしてゐるわけではない。諫言はいい加減な気持ちでは到底できるものではあるまい。あくまで主君の御用に立ちたい強く深く胸中に期するからこその諫言である。別の所では「奉公人は一向に主人を大切に歎くまでなり。…心身を擲《なげう》ち、一向に歎き奉るばかりなり。…智慧・芸能（技芸）ばかりを以て御用に立つは下段なり」（一―三）とも説いてゐる。ここでの「歎く」は「諫言」にも通底することで「深く深くわがことのやうに心に掛ける」の意とならう。為すべき諫言を手控へて、或いは機を逸して主君に落度をなさしめ奉っては不忠の極みではないか。不忠な行ひが孝であるはずがない。「孝は忠に付くなり。同じ物なり」とは、実に明快である。慈悲も「あらゆる人を御用に立つ者に仕なすべし」とする「大」慈悲である。

この四誓願の順序について、最も大切な忠と孝を饅頭の餡のやうに真ん中にして、それを武勇と慈悲で包み込んでゐると読み取るのは、やはり前出の古賀秀男氏である。「大慈悲を武勇と同じく、武士がその身分の上下にかかわらず、身につけておかねばならぬ必須不可欠の要素としている」、そして「大慈悲という土台によって前の武勇・忠・孝の三つを下からしっかりと支えて包んでいる」。かうした点が『葉隠』が他の武士道書などとは一味も二味も違う卓絶した特色である」（同前）。

さすが地元佐賀に在って、葉隠研究会の会長（初代）を長く勤められた方の読み方は違ふものだと思った。体読するとはかういふことを言ふのだらう。

『葉隠』が現代に問ひかけるもの

「いのちと暮らしを守る」と言へば某左翼政党の長年にわたる選挙スローガンである。この点では所謂保革の立場に別はなく「生命尊重」を金科玉条の如く政治の場でも教育の場でも掲げて来たのが戦後日本であった。もちろん生命《いのち》は大事ではあるが、さうした中でつひに「国民の生活が第一」などといふ党名の政党まで出現してゐる。ポピュリズムの極みと言ふ他はないが、生命尊重と言ひながら、当り前のやうにその実質を見ようとはしなかった。そこにあるものは「動物的な量的な生命」の尊重であった。即ち「生き方の内実を問はない」といふのが、いまのわが国だ。従って常に「死」を念頭に置いて「生きる」ことの意味と意義を問ひ続ける『葉隠』は、奇矯な書であり江戸時代といふ特定の時代の、武士といふ特別の立場に固有する道徳を説いたものとされかねない。しかし、これまでいくつか引用して来たところからもお分りのやうに、『葉隠』は根源的な人間のあり方を説くものであった。あの一人歩きしてゐる「死ぬ事と見付けたり」の一節も、より高くより強くより清く「生きる」ためのものであった。

『葉隠』に、その総論の「四誓願」に、武士の道徳が充ち満ちてゐるのは、あるべき武士の日常を説いたものだから当然である。しかし、それだけだらうかといふことだ。「封建時代の思想が必ずしも封建的思想でないことは、民主主義時代の思想が無条件に民主的思想になつてゐないのと同じで、その点のけぢめはハッキリつけておかなくてはならない。さうでなくては、父祖の残した宝玉の遺産を泥土に付して顧みない醜態におちいらないとも限らない」（岩波文庫本「はしがき」、古川哲史氏）。

「武士道におくれ取り申すまじき事」云々以下の四誓願を二度三度と読めば、いかな現代人とて「自らの職責を自分は十分に果してゐるだらうか」と、日常を顧みさせずにはおかないものがある。なるほど現代人は武家のやうに仕へるべき「主君」を持たない。なればこそ忠たらんとして諫言することをも辞さない武士の「己に厳しい生き方」から学ぶべき点が多々あるやうに思はれてならないのである。

古今東西、あらゆる場面で人間は「生き方」の実質を問題にして来たし問題にしてゐる。それは建前だと言ふかもしれない。しかしその建前さへすっぽり抜けてしまったのが戦後の日本ではなかっただらうか。そこでは生き方の意味内容を問ふことはタブーになってゐる。例へば戦歿者と被爆死者の差違は必ずしも明確になってゐないし、むしろ「死」を自覚的に受け止め、覚悟を秘めて出征した同胞の意志はことさらに軽視されてゐる。そんなことはない、いろんな手記が多く刊行されてゐるではないかと言はれさうだ。その通りである。しかもそのいくつかは隠れたベスト・セラーにもなってゐる。だがしかしである。依然として公的に許されてゐるのは、その死を犠牲者として一面的に語ることだけだ。「心ならずも命を落とされた多くの方々…」と。

どんなことがあっても二度と戦ってはいけない！としか言はない（言へない）時代が、「戦って斃れた者」を旧時代の同情すべき犠牲者と決めつけてしまふのは理の必然であらう。及び難いことと仰ぐより同情の眼で見る方が遥かに楽である。そこには精神的な努力が不在だからである。しかし『葉隠』には「犠牲者」は出て来ない。そこに於ける生と死はおよそ意志的である。換言すれば人間的な生と死が語られてゐるといふことだ。なぜなら人間だけが生と死を価値あらしめたいと意志するからである。『葉隠』が今日に示唆するものまことに多大なものがある。

『葉隠』は当時の士風への警句のはずだったが、右のやうに見て来ると、何か今日の世相に対する鋭い警告のやうにも読み取れる。それは時間の流れの中にあっても変らざる人間の本質が語られてゐるからだとしか言ひやうがない。それだけ『葉隠』の説く人間観が深いといふことだ。といふよりも武士の生き方、武士の目指したものに時代を超越する普遍性があったと見た方が真実に近いと言ふべきだらう。

江戸時代、十八世紀初め、西九州の一藩でかかる内容が語られてゐたと思ふと嬉しくなる。

終りに――「先祖の善悪は子孫の請取人次第」――

「先祖の善悪は子孫の請取人次第」と遊ばされ候。先祖の悪事を顕さず、善事になり

行く様に、子孫として仕様あるべき事なり。これ孝行にて候。（一―一九七）

平成十七年八月二日、衆議院本会議は所謂「戦後六十年決議」を採択した。題して「国連創設及びわが国の終戦・被爆六十周年に当たり、更なる国際平和の構築への貢献を誓約する決議」といふ長たらしいタイトルに比して全文が四百字にも満たないものだったが、その決議の中で、その十年前の戦後五十年決議に続いてまたしても「わが国が他国民に与えた苦難を深く反省し」てゐる。何ともみっともないことだと思はれるが、これを評するに右の一節以上に適切なものあるを知らない。

『葉隠』は江戸期のもので、武士たるものはいかにあるべきかを説いたものだから国会決議が意識してゐることとは全く次元を異にする。ここでその一節を引くことは乱暴であるとのそしりを免れないだらうが、敢へて一言だけ述べてみたい。決議には以下のやうに書かれてゐた。

「われわれは、ここに十年前の『歴史を教訓に平和への決意を新たにする決議』を想起し、わが国の過去の一時期の行為がアジアをはじめとする他国民に与えた多大な苦難を深く反省し、改めてすべての犠牲者に追悼の誠をささげるものである」

現在、「過去」についてとやかく言ってくるのは中韓のほかにはゐないから、従って中韓二国を意識した決議と見てもそれほど間違った捉へ方ではないはずだ。殊勝にも「…与えた多大な苦痛を深く反省し、…すべての犠牲者に追悼の誠をささげるものである」などとしてゐるが、後世の者がどんなにか真摯に「深く」反省してゐるかを示さうとすれば、どうしても「過去の一時期」を「多大な苦難を与えた時代」として指弾して見せなければならない（そもそも「過去の一時期」とは何時のことなのか。実に不真面目な決議だが）。言ふにこと欠いて「すべての犠牲者に追悼の誠をささげるものである」としてゐるが、「深く」反省をしてゐることを言ひたいのだらうが、これではまるで自分たちの父や祖父は悪意に満ちた犯罪者集団であったと言はんばかりではないか。「先祖の悪事を顕さず」どころではない。父祖の時代は反省する対象の「悪事」となってゐる。

「かつての多大な苦難を与へた『悪しき日本人』と私たちは違ひます、今の私たちにはこのやうにアリバイがあります、こんなに『深く』反省してゐます。こんなに善人です」と言ひ募ってゐるにひとしい文面である。そんなことは考へもしないと議員諸氏は言ふだらうが、論理的にはさうならざるを得ない。そして「深く」反省すること、即ち父祖達の歴史を強く批判することで、現在（自分）への風当りを弱めようとしてゐる。この理屈も否定できまい。これが「心のダンディズム」を胸に秘めてゐた武士の末裔であるはずの現在の国会議員である。

戦後五十年だから、戦後六十年だからと、事々しく「…与えた苦痛を認識し、深い反省の念を表明する」（戦後五十年決議）としなければならないと思ひ込んでゐる心理は病的にまで歪んでゐる。これは一面では相手の立場を重んじる「察し合ひの文化」の表れでもあるが、この間に調印された正式国交のための合意（日韓基本条約、日中共同声明・日中平和友好条約）に何ら触れることもなく、まして自分たちが責めを負ひきれるものではない半世紀以上前の「過去」を反省して見せるといふのだ。そんな言葉を誰が信じるだらうか。どうせ国会決議など妥協の産物で目くじら立てることはないとは思ひながらも、ことは後世の者が自国の歴史にどのやうに向き合ふかといふことだから、やはり気になるのである。

二国間関係のベースには条約がある。条約が結ばれたといふことは外交的に国際法的に「過去」については決着したといふことなのだ。「過去」を問題にしないといふことで結ばれるのが条約だからである。条約の締結まではお互ひ「過去」を持ち出して交渉するが、折り合ひがついて調印が済めば「未来志向」の関係になる。中韓とも条約締結後は「過去」を（持ち出したかったかも知れないが）持ち出せなかったし、持ち出さなかった。しかし、ひとたびこちらが反省を口にし出したら最後、その隙に乗じて次々に「過去」を話題にして来る。この際はお互ひが言ひ合ふのではなく、こちらは専ら聞き役でその都度さらに「反省」を口にすることになる。すると、先方はますます高飛車に「歴史」をかざして我が方の口を封じようとする。これが対中韓外交の現状ではなからうか。

気が付いてみたら、首相の靖国神社参拝や歴史教科書が当然のやうに外交のテーブルに載る始末である。厄介なことに朝日新聞に象徴されるマスコミ論調の大勢は常に我が方の歩み寄りの必要性を強調して止まなかった。従って対中韓外交の歪んだ構図がぼかされたままになってゐるし、さらにそれをいいことに一層、対日攻勢を強めてゐる（わが国の主要マス・メディアの現状は「偏向」のレベルを超えて真に憂ふべき段階にある。常識的なのは産経新聞のみと言ひたいほどである）。

ここで『葉隠』の「悪事を顕さず、善事になり行く様に…」を引いたからといって、「わが国の過去の一時期の行為」が「悪事」であったなどと言ふつもりは毛頭ない。思ひ違ひ、行き違ひ、思慮不足など今日の我々と同じく（彼の国の人達と同様に）多くの至らない点があったにしても、それとても後日、けぢめをつけて正式の国交開始を可能とする範囲内のことであった。天人ともに許し難い「悪事」であったら条約調印には至らなかったはずである。そもそも勇武を尊ぶも、相手の気持ちや立場を気に懸け、惻隠の情「憐みの心」を善しとして来たわれわれの先人が、初めから悪意を以て事に臨むはずがないからである。

今さら「わが国の過去の一時期の行為が…」などと国会議員達が見栄を切ったところで滑稽でしかない。外（中韓）への卑屈は内（わが先人）への傲慢でもあったのだ。醜態であった。

〇

「先祖の善悪は子孫の請取人次第」の一句は常朝が仕へた第二代藩主光茂の語った言葉のはずだが、鍋島家の当主として先祖を辱めてはならないと日頃、心掛けてゐることを述べたものだらう。祖先の栄辱は当代子孫の言動に懸かってゐるとするのは、まことに健康的で常識的な人生姿勢である。かうした語句さへも、今日の世相のあれこれを思ひ浮かべると実に新鮮に響く。それだけわが国の今が病んでゐるといふことなのだらう。『葉隠』はそれを写し出す鏡でもあるのだ。

（註） 拙文中に引用した井口《いのくち》潔氏「『葉隠』二十一世紀に生きる智恵」、古賀秀男氏「『葉隠』成立の特色とその現代的意義」は、いづれも『いま、世界に生きる葉隠—葉隠国際シンポジウム—』（平成四年、葉隠研究会発行）所載のものである。また同書所載の栗原耕吾氏「葉隠の人々」も参照した。

あとがき

拙稿を編みながら、改めて連続する歴史に支へられてゐる「現在」の有り難さを実感した。本書の第四章で触れた日本古代史の泰斗、坂本太郎先生が「日本歴史の特性」として、その第一に挙げられた「連綿性」である。今日まで続く「生きた」連続性である。

本質的な欠陥を内包する憲法の下にありながらも、秩序立った国民生活が営まれてゐるのも、小学生どころか零歳児から英語を！と若い母親達が張り切ってゐるのも、深く揺らぎない根っこに支へられてゐるからであらう。国外からの波風をやり過さうと政治家が容易く頭を下げて来たのも、無責任きはまりないことではあるが、歴史への甘えからであらう。

なぜ与野党が安心して論争でき、われわれが枕を高くして眠ることができるのか。かうしたことが当然のこととされてゐるが故にその有り難さが見えてゐないのではないか。ジャーナリストの多くも歴史の連続性の裡にある「現実」に関心があるやうには見受けられない。わが国の実相を見え難《にく》くしてゐる現憲法の枠組を越えて伸びやかに発言する者はまだ少ない。

いかな資産家の息子であっても浪費は長くは続かないやうに、歴史の恩恵に甘えてばかりではをられないはずである。甘えが許されないだけでなく、国際交流の深まる現代は「連続性」に楔《くさび》を打ち込まうとする悪意に満ちた情報が入って来ないとも限らない時代でもある。領土の危機は目に見えるが、歴史を断ち切らうとする工作に気づくのは難しい。他者の立場を重んじ受容的に対処しがちな日本人にとって、ヒト・モノ・カネ・情報が行き交ふ現代は生きにくい時代なのかも知れない。何はともあれ、根本的には「祖国への信」を取り戻すことに懸かってゐる。主権回復から六十年余り、めげることなくその道筋を歩むのみである。

本書に収めた拙文の初出は左の通りである（標題の一部を改めた章もある）。

第一章　日本人の魂の行方と「日本教」
　—日本人の宗教的自画像を問ふ—
　　拓殖大学日本文化研究所『新日本学』第十四号（平成二十一年九月）

第二章　五箇条の御誓文に甦った十七条憲法の精神
　—太子憲法の説く「協力協心の世界」—
　　日本及日本人社『日本及日本人』第千六百三十五号（平成十一年八月）

第三章　文化ギャップとしての「靖国問題」
　—彼を知らず己を知らざれば戦ふ毎に殆ふし—
　　拓殖大学日本文化研究所『日本文化』第八号（平成十四年四月）

第四章　日本歴史の特性
　—「古代」が今に生き続ける国—
　　社団法人国民文化研究会『日本への回帰』第四十七集（平成二十四年二月）

第五章　戦後を吟味する
　――なぜ、かくも「断絶」へと歩を進めるのか――
　　拓殖大学日本文化研究所『新日本学』第五号（平成十九年六月）
第六章「小学校英語」必修化の無謀
　――壮大なる時間の浪費と勘違ひ――
　　拓殖大学日本文化研究所『新日本学』第二号（平成十八年十月）
第七章「平和記念都市」となった被爆都市・広島
　――問題あり！「平和記念式典」――
　　拓殖大学日本文化研究所『日本文化』第十号（平成十四年十月）
第八章『葉隠』覚書
　――武士道の普遍性を今日に語る書――
　　拓殖大学日本文化研究所『日本文化』第二十二号（平成十七年十月）

最後にあたり、拙き論考の出版をご快諾いただいた（株）展転社の藤本隆之社長、万般にご配慮いただいた荒岩宏奨編集長に謝意を表したい。

平成二十六年三月二十五日　花ひらく今日のよき日に筆擱きて思ひ新たに歩みゆきなむ

山内健生

山内健生（やまうち　たけお）

昭和19年、新潟県小出町（現・魚沼市）に生まれる。亜細亜大学商学科・立正大学史学科卒業、国学院大学大学院博士課程後期（神道学専攻）修了。拓殖大学日本文化研究所客員教授・同政経学部講師、亜細亜大学講師。公益社団法人国民文化研究会常務理事・同（月刊紙）『国民同胞』編集長。著書に『「深い泉の国」の文化学』『私の中の山岡荘八』（いずれも展転社）、『古事記神話の思想』（国民文化研究会）『日本思想史論考』（大東出版社）、『名歌でたどる日本の心』（共著、草思社）、『アジア人の見た霊魂の行く方』（共著、大東出版社）などがある。

「深い泉の国」の日本学
日本文化論への試み

平成二十六年四月二十九日　第一刷発行

著者　山内　健生
発行人　藤本　隆之
発行　展　転　社

〒157-0061　東京都世田谷区北烏山4-20-10
TEL　〇三（五三一四）九四七〇
FAX　〇三（五三一四）九四八〇
振替〇〇一四〇―六―七九九九二
印刷製本　シナノ

ISBN978-4-88656-399-6